西藏的寺庙和佛像

金 申 著

文化艺术出版社
Culture and Art Publishing House

图书在版编目（CIP）数据

西藏的寺庙和佛像 / 金申著. — 北京：文化艺术出版社，2019.12
ISBN 978-7-5039-6806-8

Ⅰ.①西… Ⅱ.①金… Ⅲ.①寺庙—研究—西藏
②佛像—研究—西藏 Ⅳ.①B947.2②B949.92

中国版本图书馆CIP数据核字（2019）第249319号

西藏的寺庙和佛像

著　　者	金　申
责任编辑	王　红　王奕丹
书籍设计	马夕雯
出版发行	文化藝術出版社
地　　址	北京市东城区东四八条52号　（100700）
网　　址	www.caaph.com
电子邮箱	s@caaph.com
电　　话	（010）84057666（总编室）　　84057667（办公室） 　　　　　84057696—84057699（发行部）
传　　真	（010）84057660（总编室）　　84057670（办公室） 　　　　　84057690（发行部）
经　　销	新华书店
印　　刷	中煤（北京）印务有限公司
版　　次	2020年6月第1版
印　　次	2024年12月第7次印刷
开　　本	710毫米×1000毫米　1/16
印　　张	19.5
字　　数	385千字
书　　号	ISBN 978-7-5039-6806-8
定　　价	88.00 元

版权所有，侵权必究。如有印装错误，随时调换。

目 录

序 言 / 1

第一章
藏传佛教的基本知识

一、什么叫藏传佛教 / 3
  1. 喇嘛 / 6
  2. 教派及重要祖师 / 7
  3. 宗喀巴 / 8
  4. 密宗和显宗 / 10
  5. 何谓"欢喜佛" / 13

二、藏传佛教的学术 / 15
  1. 五明 / 16

  2. 四大札仓 / 17
  3. 藏文大藏经 / 20
  4. 活佛 / 20
  5. 达赖喇嘛 / 21
  6. 班禅喇嘛 / 23
  7. 呼图克图 / 26
  8. 呼毕勒罕 / 30
  9. 金瓶掣签 / 32

第二章
藏传佛教的建筑和美术

一、建筑 / 37
  1. 藏式建筑 / 39
  2. 汉藏结合式建筑 / 48
  3. 汉式建筑 / 49
  4. 按密宗义理构想的建筑 / 50
  5. 佛塔 / 52

二、美术 / 56
  1.《造像量度经》/ 58
  2. 壁画 / 60
  3. 唐卡 / 62
  4. 雕塑 / 67
  5. 木刻 / 73
  6. 德格印经院 / 74
  7. 纳唐印经院 / 76

第三章
藏传佛教的各类佛像

一、概说 / 81
二、释迦牟尼佛 / 85
  1. 释迦牟尼旃檀像 / 92
  2. 太子像 / 95
三、寺庙中常见的各类佛像 / 98
  1. 三世佛——燃灯佛、释迦佛、弥勒佛 / 98
  2. 三方佛——药师佛、释迦佛、阿弥陀佛 / 100
  3. 接引佛 / 101
  4. 长寿佛 / 101
  5. 弥勒佛 / 104
  6. 佛装弥勒像 / 104
  7. 菩萨装弥勒像 / 105

8. 七佛 / 108
9. 五方佛 / 108
10. 三十五佛 / 110
11. 龙尊王佛 / 111
12. 金刚萨埵 / 112
13. 大持金刚 / 113
14. 金刚手 / 114
15. 法身普贤 / 116
16. 观音菩萨 / 117
17. 双身观音 / 120
18. 四臂观音 / 121
19. 骑犼观音 / 122
20. 千手千眼观音 / 123
21. 文殊菩萨 / 127
22. 八大菩萨 / 129
23. 白度母和绿度母 / 133
24. 尊胜佛母 / 135
25. 长寿三尊像 / 136
26. 仁智勇三尊像 / 137
27. 摩利支天 / 138
28. 大白伞盖佛母 / 139
29. 智行佛母 / 142
30. 护法神像 / 145
31. 玛哈嘎拉 / 147
32. 白玛哈嘎拉 / 152
33. 持棒贡波 / 152
34. 寿主大黑 / 153

35. 橛金刚 / 154
36. 大威德金刚 / 156
37. 降阎魔尊 / 157
38. 马头金刚 / 160
39. 不动明王 / 163
40. 吉祥天母 / 164
41. 白拉蒙 / 167
42. 大红司命主 / 168
43. 大轮金刚手 / 170
44. 胜乐金刚 / 170
45. 时轮金刚 / 172
46. 喜金刚 / 174
47. 密集金刚 / 176
48. 殊胜黑如迦 / 178
49. 金刚瑜伽母 / 179
50. 狮面佛母 / 181
51. 事业王 / 183
52. 骑羊护法 / 185
53. 地母金刚 / 186
54. 白马天神 / 188
55. 四大天王 / 189
56. 韦陀天 / 192
57. 毗沙门天 / 193

四、其他 / 194

1. 黄财神 / 194
2. 白财神 / 195
3. 黑财神 / 197

4. 护国天 / 199

5. 罗睺 / 199

6. 墓葬主 / 202

7. 金翅鸟 / 204

8. 祖师像 / 205

9. 莲花生 / 208

10. 宗喀巴 / 209

11. 米拉日巴 / 212

12. 那罗巴 / 212

13. 罗汉 / 213

14. 达摩多罗 / 214

15. 布袋和尚 / 216

第四章 佛像的手印、标识、坐姿、台座、衣饰等

一、手印 / 221

1. 降魔印 / 221
2. 说法印 / 221
3. 大成法轮印 / 222
4. 施无畏与愿印 / 222
5. 禅定印 / 222
6. 合掌印 / 222
7. 智拳印 / 222
8. 拔济众生印 / 223
9. 期克印 / 223
10. 金刚吽迦罗印 / 223
11. 授记印 / 223
12. 四摄印 / 223

二、标识和持物 / 224

1. 右翼二十手（从上往下依次排列）/ 224
2. 左翼二十手（从上往下依次排列）/ 225

三、坐姿 / 228

1. 结跏趺坐 / 228
2. 善跏趺坐 / 228
3. 游戏坐 / 228
4. 莲花跏趺 / 228
5. 轮王坐 / 229
6. 交脚坐 / 229
7. 左右舒坐 / 229

8. 左右展立 / 229
9. 舞立 / 229
10. 跪立 / 229

四、顶严和相轮 / 230

五、台座 / 231
1. 莲花座 / 231

2. 生灵座 / 231
3. 鸟兽座 / 232

六、大饰和小饰 / 232

七、仁兽 / 233

第五章
寺庙的供物、法器、吉祥图案等

一、供物 / 237
1. 六字真言 / 237
2. 嘛呢堆和嘛呢旗 / 240
3. 嘛呢桶和转轮藏 / 241
4. 曼荼罗 / 244
5. 吉祥八清净 / 248
6. 七种宝 / 251
7. 六拏具 / 253
8. 七种供养 / 254

二、法器 / 255
1. 金刚杵 / 255
2. 金刚铃 / 256
3. 金刚镢 / 257
4. 钺刀 / 258

5. 钩刀 / 258
6. 斧钺 / 258
7. 骷髅碗 / 259
8. 骷髅鼓 / 260
9. 黄铜号角 / 261
10. 人骨笛 / 261
11. 鼓 / 261
12. 五佛冠 / 261
13. 噶乌 / 262
14. 曼达 / 262

三、吉祥图案 / 264
1. 须弥山 / 264
2. 六道轮回图 / 266
3. 轮回图（斯巴霍）/ 269

4. 六长寿图 / 270

5. 长寿老人图 / 271

6. 吉祥尊胜图 / 272

7. 敬长图 / 272

8. 佛足图 / 274

9. 十象图 / 275

四、舍利 / 276

1. 舍利 / 276

2. 装藏 / 278

第六章 服饰礼仪类

一、僧人的服饰饮食 / 283

二、信徒的礼佛仪式 / 285

1. 磕长头 / 285

2. 右绕 / 286

3. 跳恰穆 / 286

4. 展示大佛 / 289

附 录

全国主要藏传佛教寺庙一览 / 295

后 记 / 298

再版后记 / 301

序　言

　　藏传佛教形成已有1300余年历史。在历史上藏传佛教有两次发展高潮，即所谓的"前弘期"和"后弘期"，因此藏传佛教寺庙建筑也有两个高潮。一部分寺庙殿堂是在7至9世纪初修建的，由于历史的原因，不少业已毁灭；另一部分则是在10世纪后半期以后修建的，但也受到了不同程度的损坏，其中有的甚至被毁得荡然无存。

　　"文化大革命"中有些寺庙遭到破坏。"四人帮"被粉碎后，党的宗教信仰自由政策逐步得到落实，蒙藏地区的著名寺庙才得到妥善保护，修葺一新，重新开放，作为宗教活动场所供信徒朝拜或举行宗教仪式，同时作为文化古迹供国内外游客参观游览。

　　对藏传佛教的研究，很早就引起了国内外藏学界的重视，近年来，新的研究成果不断推出，就其内容而言，或作综合性论述，或从经典的整理和注释着眼，或局限于对某一时期、某一教派的研究，各有侧重，但对藏传佛教寺庙里的佛像、法器作专门研究的著作尚不多见。

　　金申同志所著的此书以丰富翔实的史料，简练通俗的文字，对藏传佛教寺庙里的佛像、法器等做了全面的论述，对于渴望了解藏传佛像的广大爱好者来说，这本书是很有参考价值的。

　　此书具有下列特点。通俗性：作者在叙述藏传佛教基本知识和介绍佛像、法器的时候尽量使用通俗易解的文字，使人一看便知，而不感到晦涩费解；趣味性：该书在介绍佛像的时候，尽量穿插了一些佛经小故事，使人感到饶有风趣；科学性：作者在介绍佛像的时候，除使用寺庙调查资料外，还广征博引了大量经典著作和中外有关参考书，尽量做到准确无误。

金申同志从事藏传佛寺研究有年，他能够想到大多数读者的需要，融会贯通了他所掌握的大量资料，深入浅出地写出了这本普及读物，这对读者了解藏传佛教历史，鉴赏佛教艺术，欣赏佛教建筑，熟悉佛教礼仪等，将大有裨益。

中国社会科学院世界宗教研究所　李冀诚教授

1986年8月于北京

第一章
藏传佛教的基本知识

一、什么叫藏传佛教

藏传佛教，人们俗称喇嘛教。在藏传佛教的寺院里，我们会看到一些在内地汉传佛教寺庙里常见到的释迦牟尼、四大天王、大肚弥勒佛等形象，可是还有许多佛、菩萨、金刚、护法神等形象，是内地汉传佛教寺庙里所看不到的，这些都是藏传佛教的神像不同于汉传佛教的地方。

严格说来，喇嘛教这个名称并不太科学，学术上一般通称它为西藏佛教，也称为藏传佛教。西藏佛教是汉传佛教和印度佛教传入西藏地区后经过改造融合后的形态，又因这派佛教特别重视密宗，把密宗视为精髓，所以又称为

拉萨的大昭寺

内蒙古包头固阳五当召

藏密。密宗是和显宗相对而言的，后文再详述。这也是为什么人们到喇嘛庙里既感到熟悉又觉得陌生的原因，因为它和流行于汉族地区的汉传佛教以及流行于我国西南边疆和东南亚地区的南传佛教源同而流派不同。

　　古代西藏地区流行一种叫本波的原始宗教，俗称苯教（后来也称为黑教），它的基本原理是万物有灵。远古时代的人们，在宗教没有形成以前，认为一切自然现象甚至梦境中的幻象，都有主宰它们的神灵精怪，如山神、水怪、林妖、火神，以及日月星辰诸神和各种动物神等。人们最注重的是祭祀、占卜、跳神等活动。

　　公元7世纪的唐代，藏王松赞干布建立统一的吐蕃政权，他的两个妻子文成公主和尼泊尔的尺尊公主都信奉佛教，并各自带来了佛经、造像，松赞干布带头信奉了佛教，但这时佛教活动的圈子很小，佛教遭到贵族和苯教徒

承德外八庙

的强烈抵制。

公元8世纪时，赤松德赞执政，他先后迎请印度僧人寂护和莲花生大师到西藏传播显宗和密宗佛教，经过和苯教徒的斗法，佛教占了优势。于是莲花生宣布那些与人作乱的山神水怪以及苯教崇拜的各种神祇统统被降伏，并把他们也吸收为佛教的神灵。

藏传佛教的修习经典和义理、修习的组织和形式都和汉族地区流行的佛教有所不同，特别是许多苯教神怪经过莲花生的改造，使佛经中原有的佛、菩萨、护法神等大为增加，一些苯教的祭祀作法仪式也被吸收到佛教中来，再加上后期印度教的影响，表现在绘画雕刻上就呈现出千奇百怪的形象。它们或是牛头马面，或是多手多足，形象怪诞，手持各种法器，骑乘的动物也是龙、摩羯鱼、孔雀、象、马、虎、羊、狗等，神话传说和自然界的动物几乎应有尽有。

藏传佛教流派有多种，佛像的数量众多，造像之种类至今没有准确的数字，一般估计可达千余种，在寺庙里常见的也有上百尊左右。神秘的作法仪式和法器也从苯教中继承了不少。

藏传佛教主要流行于我国的藏族、蒙古族等少数民族聚居地区和尼泊尔、锡金、不丹、蒙古国和俄罗斯的布里亚特等地。

1. 喇嘛

过去一般称西藏佛教僧人为喇嘛，把汉地寺庙僧人统称为和尚。实际上藏传佛教内对僧人的称呼是因人而异的，统称为喇嘛严格说起来并不太准确。

喇嘛一词是藏语的音译，意思是上师、教师。他们是学问高深、可为人师表，指导人们进行修习的有资历和学位的高级僧人，是和一般到寺庙出家的僧人不同的。普通僧人藏语称为"扎巴"，只有班禅、达赖和其他的活佛一级僧人，人们才尊称他们为喇嘛。西藏有句谚语是："无喇嘛上师，何以近佛。"意思是说只有依赖喇嘛才能与天上的佛沟通，达到成佛的境界。就像萨满教里的巫师一样，只有他们才能沟通神与人。

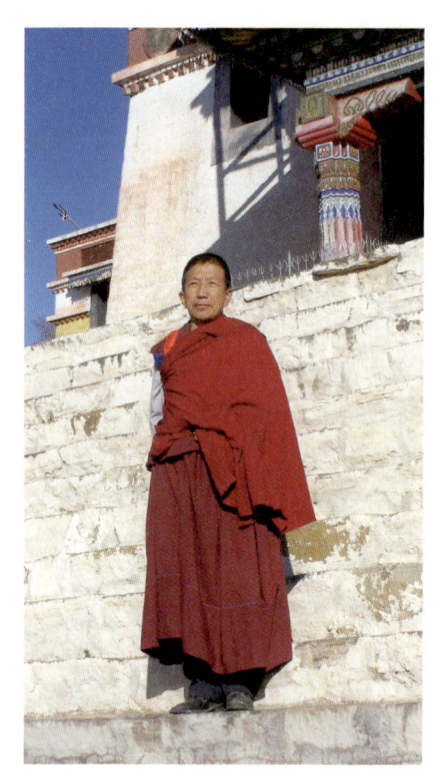

蒙古族僧人

僧人们

2. 教派及重要祖师

藏传佛教的教派众多，以下对有代表性的做简要介绍。

宁玛派 早期的宁玛派，尊莲花生大师为创始人。主要修习密宗，因僧人们习戴红帽，所以又称为红教。

噶当派 稍晚于宁玛派，创始人是11世纪印度名僧阿底峡的弟子仲敦巴。阿底峡著作非常丰富，有五十多种，对西藏佛教有很大影响。

萨迦派 创始人是贡却杰布。因这派寺院围墙上涂有红、白、蓝三色条纹，人们俗称它为花教。元代萨迦派的著名喇嘛八思巴被元世祖忽必烈封为帝师，他奉命研制了蒙古新字，称为八思巴文，并传西藏佛教于内地，对内地和西藏地区的文化交流起到了重要的作用。

噶举派 这派的创始人是玛尔巴、米拉日巴等。因僧人们修法时都穿白色僧服，所以又俗称白教。

格鲁派 以上这些教派在西藏佛教史上都曾有一定影响,后来都逐渐衰微了,只有15世纪初(明朝初年)兴起的格鲁派(格鲁意为善规)影响最大,传播范围最广,著名的大寺也最多,一直到今天仍是藏传佛教的主流。因这派僧人都戴黄色僧帽,故俗称为黄帽派或黄教,尊宗喀巴为祖师。

3. 宗喀巴

宗喀巴大师的塑像、壁画、帛画在寺庙中可以说触目皆是。他头戴黄色的尖顶帽,双手在胸前做着说法的姿势,手中还捻有两枝缠绕的盛开莲花,左肩莲花上有一叠经书,右肩莲花中有一把宝剑,与文殊菩萨的标识相同,代表智慧和斩除无明,形象不难识别。

宗喀巴(1357—1419)的家乡是青海湟中县,也就是著名的塔尔寺所在地,该寺是他成为名僧后,人们特意为他修建的。他的本名叫罗桑扎巴,藏语称湟中为"宗喀","巴"是藏语的语尾,"宗喀巴"意思就是宗喀一带的圣人,这也是他成为名僧后人们对他的尊称。

他的父母都是佛教徒,他三岁时就受了初级的佛戒(近事戒)。也就是这一年,有个叫敦珠仁钦的喇嘛,施舍给他父亲许多马羊等财物,请求把小孩子送给他,并得到应允。七岁时,他又依敦珠仁钦受了沙弥戒。为了进一步深造,十六岁时,他辞别了师父,踏上了去西藏的旅程。在西藏他不辞辛苦地到处参访名师,听讲经论,精通了各派的教义,并以噶当派的教义结合自己的见解创立体系。

这一时期,西藏佛教派别林立,许多僧人戒律松懈,他决心从戒律入手,倡导对佛教进行改革。为了表明他的主张,他改戴了黄帽,这是古代持守戒律的高僧们所戴帽子的颜色,弟子们也都追随他而戴起了黄帽。宗喀巴创立的第一座寺院是拉萨的甘丹寺。

宗喀巴规定了学经的顺序,健全了寺院组织,特别是活佛转世的制度,是继承了噶当派的做法而使其更加明确。

第一章 藏传佛教的基本知识

宗喀巴大师

内蒙古五当召的宗喀巴像

密教的咒仪（顾绶康摄影）

宗喀巴一生著述丰富，弟子众多，他有两部重要的大论，即《菩提道次第广论》和《密宗道次第广论》，在这两部书中阐明了显、密两宗的修行次第，提倡不分显、密都应遵守戒律。

4. 密宗和显宗

密宗也称为"真言宗"，藏语称为"桑俄"。这派自称是受了"法身佛"大日如来的深奥秘密的教旨传授，是真实言教，所以称密宗。实际上它是佛教和古代印度婆罗门教的某些教义相结合的产物。它的重要经典是《大日经》《金刚顶经》和《时轮金刚根本经》，有一套烦琐神秘的修法仪式，又有许多繁杂的手印和各种咒语，修法时要在神秘庄严的气氛中进行，严禁外人观看。

教理上相对于密宗的显宗，也就是释迦牟尼的公开学说，是可以明显地用语言文字表述其教义的，修法仪式也是可以在大庭广众之下公开举行的。

显宗的佛、菩萨、金刚像也就像我们在内地寺庙里所看到的一样，是表情和悦平静、肢体正常、仪态稳定的所谓法相庄严的诸佛。

每日的早课

法会的诵经

修法的坛城（曼荼罗）

  大多数藏传佛教寺庙内都专门辟有密宗殿，这些殿内供奉的佛、菩萨、护法神、明王等多呈现表情凶恶、面目狰狞、多手多足、牛头马面、青面獠牙的忿怒相，骑着马、牛、羊、狗、狮、象、鹿等各种动物，手中持有刀、枪、剑、戟、索子、弓箭、金刚杵、钺刀等各种法器，这些一般是在汉地寺庙较为少见的。

  按佛教的说法，表情平静、肢体正常的佛、菩萨像称为"寂静相"；呈现各种愤怒状、多手多足的称为"忿怒相"。他们多是由佛、菩萨变化而来保护佛教不受外敌侵犯的。表情凶恶并不是他们本身凶残，而是对外敌的愤恨。

  这些外敌并非单指魔鬼，主要还是针对妨碍修法的佛学上称为"无明"的邪魔。

藏传佛教中的佛、菩萨、护法神又有许多是呈男女相互拥抱形的，也就是人们俗说的欢喜佛，确切地讲应称为双身佛。这也是密宗修法最高阶段时才有的，佛学上称为无上瑜伽秘法，俗称"双修法"。另外，密宗修法要有坛，或平面画的，或彩色沙子漏成的，或铜铸的，称为"曼荼罗"，像是层层的院落图案或立体的宫殿模型。人们有时俗称立体的曼荼罗为"铜城"。

藏传佛教提倡先学显宗，后攻密宗，并把密宗看作佛教的精华所在，是最艰深的修行阶段，僧人要修习多年才能达到学习密宗的阶段，而且能在密宗学塾里毕业的僧人非常少。

5. 何谓"欢喜佛"

在藏传佛教寺庙的密宗殿里有不少忿怒形的造像都拥抱着女性，人们习惯将其统称为"欢喜佛"。

所谓欢喜佛，明清的笔记也有不少记载，但都是捕风捉影，道听途说，没有佛学依据。欢喜佛的称呼并不准确，因为他们也都有各自的佛名，内中虽有双身佛叫"喜金刚"和"胜乐金刚"（含有双身大乐的意思），但统称这类佛像为双身佛较为合理。

西藏佛教密宗是受到印度性力思想影响的，印度原始宗教有一派是性力派，该派认为宇宙间的万物都是由于创造女神的性力而产生和繁衍的，因而，把性行为看成侍奉女神的方法和对女神的崇敬。在古代印度的石窟中经常可以看到许多男女拥抱的神祇造像，例如巴拉王朝（8—12世纪）时南印度的卡吉拉霍的佛塔上雕刻着密密层层的男女双身像，动态怪诞，俨然是春宫图。

根据佛教密宗经典《大日经》和《金刚顶经》的理论，女性是供养物，她们以爱欲供奉那些强暴的神魔，使他们得到感化，削弱他们的斗志，然后把他们引到佛的境界中来。佛经上说的"先以欲勾牵，后令入佛智"即是这个意思。

例如大圣欢喜天，男像名叫毗那夜迦，象头人身，是大自在天（也就是湿婆神，古印度婆罗门教和印度教的主神之一，是毁灭、苦行和舞蹈之神）的儿

大持金刚　　　　　　　　双身大持金刚

子,性格极为荒暴,所以又叫大荒神。为了软化他的暴戾,观音菩萨化身为女性,与他拥抱相合,得到了他的欢心,从而把他调伏,使之改邪归正,引导到佛教中来,因而皆大欢喜,称为欢喜天。

因此之故,密宗里的大日如来(也叫毗卢遮那佛,是释迦佛的法身佛)和受大日如来教令的各种明王和金刚,也都有相应的女伴和他们一起修法,以降伏各种阻碍修法的魔障。

这些女伴称为明妃或佛母。明王和明妃拥抱相合是表示"悲智和合"(明王的威吓是悲,色欲调伏为智),也就是说男女相合是调伏魔障,引向佛智的象征。

根据这个义理,在密宗修行的最高阶段是必须有女伴合作才能修法的,称为"双修法",也叫"双空乐运"。例如莲花生大师到西藏传播密教时,就有五名尼泊尔和西藏妇女陪同大师一起修法,这种双修形造像也有人叫"父母佛",即把师父称为父,把陪伴师父修法的女性称为母,也叫佛母、明妃或空行母。藏语称为"雅布·尤姆",意思就是父母佛。他们把男女双身大乐作为修法成道的手段,所以双身修法也称为"女道"。

修习什么佛的佛法,就要模仿什么佛的姿势和手印,还要念诵那尊佛特定的咒语,即所谓"心""口""意"三密相应。那么,上面说过的各种双身金刚、明王也就是僧人们观想和模拟的目标,只是一种教理的表征,不能据此误解藏传佛教是纵欲的。密宗义理非常烦琐和艰深,真正能在密宗方面修习女道的僧人极少。

二、藏传佛教的学术

在古代游牧社会里,生产力低下,对广大牧民来说,是无法接受正规的文化教育的,寺庙可以说是代表了整个社会最高的文化水准。高级的僧人们可以穷年累月地深居于寺庙之中,潜心钻研佛学等社会科学和自然科学,寺庙往往兼有佛学院、天文馆、博物馆、医院等多种职能。

在当时,和牧民们生活最密切相关的事件,如预知天气的好坏、牧业的兴衰、婚丧嫁娶、医病祛灾、转移畜群,甚至失落牧畜请僧人占卜逃失方向等,事无巨细,都可以求助于寺庙。

每到寺庙举行法会,跳神打鬼、演剧、展出寺庙的各种佛教艺术品时,这些活动对牧民们来说,既是宗教活动,又是一种文化娱乐和精神享受。

在这种情况下,作为僧人就要掌握广博的知识,才能适应社会的需要。

上述的各方面的知识，大致可以概括为五大类，佛学上称为"五明"，学问高深的僧人都应精通五明。

1. 五明

五明是古代印度佛教传授僧徒的五大类学问，它包括：

（1）声明，是语言、文字、音韵方面的学问；

（2）工巧明，包括各种工艺，如建筑、绘画、雕刻、天文、历法等；

（3）医方明，即医疗学和药物学；

（4）因明，相当于逻辑学；

（5）内明，即佛学。

许多僧人都曾在上述五明中做出过突出的贡献，出现过众多的著名学者，有著作行也。我们到寺庙参观，一半多着眼于它的建筑和美术方面，这些大

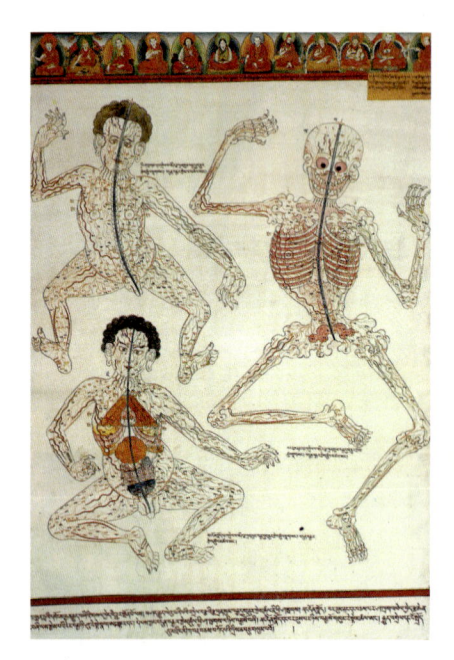

医学解剖图　　　　　　药草标本图

部分属于工巧明的范围，有些精美的塑像、壁画是出于僧人之手的。

例如青海塔尔寺的油塑——酥油花是中外闻名的。酥油制品形象写实，色彩艳丽，但那如此生动灵巧的技艺却是出自深居苦行的僧人之手。还有青海同仁县的五屯乡，那里的僧人世代传承着绘制唐卡的精湛技艺，被誉为藏画之乡。

为了系统地掌握这五大类学问，在大寺庙中一般都附设几个僧院，藏语称为"札仓"。

2. 四大札仓

每个寺院因传承系统和规模不同，札仓的数目也不同，一般的分为四个札仓，大寺院有多至六七个札仓，小寺院也可合并为一两个札仓。由于侧重学习面不同，又有蒙古语名称和藏语名称的区别，所以在名称上各地寺庙也

内蒙古五当召的医学殿（王磊义摄影）

内蒙古五当召的时轮殿（王磊义摄影）

略有出入。一般四大札仓名称和学科如下：

（1）纠巴札仓，密宗；

（2）参尼札仓，哲学院；

（3）洞阔尔札仓，天文、历法、数学、占卜等；

（4）曼巴札仓，医学。

在这些僧院里学习的僧人都有本学部要钻研的教材和经典，僧院又有一套严密完整的考核制度，学僧们经过刻苦的学习可以逐步升级，考核的方法主要是口头辩论，各级学位有不同的名称，相当于我们所说的学衔，藏语统称为"格西"，意思就是"善知识"。格西按成绩优劣，又分为四等。具有格西学位的僧人就有资格任寺庙的各级执事职务。

学僧在辩论经义

学僧在辩论经义

学僧在辩论经义

3. 藏文大藏经

不论是藏族还是蒙古族等民族僧人，藏文是必须要掌握的。《藏文大藏经》的经典非常浩繁，是一套最重要的大型佛教丛书，它是14世纪时由藏族僧人编纂而成的，收有四千五百多种藏文书籍，主要是从印度翻译的著作，不少经典在印度早已失传了数百年，还要从《藏文大藏经》里重新还原翻译。

除《藏文大藏经》外，还有根据它翻译的《蒙文大藏经》和《满文大藏经》。

《藏文大藏经》是由"甘珠尔"和"丹珠尔"两部分组成的。甘珠尔的意思是佛语部，是显宗和密宗经律部分的总和，相当于《汉文大藏经》的经部。

丹珠尔的意思是论部，也就是佛经的解说和注释，还有密宗的作法仪式以及前面说过的五明部分的各种著作。

《藏文大藏经》是一部宝贵的经典集结，具有重要学术价值。欧美和日本都有许多卓越的学者投入很大精力进行研究，并有非常出色的研究成果。

藏文佛经

4. 活佛

活佛是人们普遍感兴趣的一个问题，它也是藏传佛教中的一个独特现象。像内蒙古电视台拍摄的电视剧《小活佛》里面的主角，三岁就被寺庙迎请为活佛，人们都不太理解，此外还有少数女活佛，这又是怎么一回事呢？

"活佛"藏语称为"朱古"或"朱必古",意思是化身、肉身。活佛是通过"转世"而产生的高级僧人,是和普通到寺庙出家的僧人不一样的。

汉族群众把他们称为活佛,这在汉传佛教中是不存在的。

早期藏传佛教的僧人是可以娶妻生子的,寺主的地位也是可以世袭的。元朝文学家马祖常所作《河西歌》中就记载了甘凉一带僧人有娶妻之俗。13世纪时,噶举派(白教)首先采用"转世"的办法寻找接班人。宗喀巴创立的格鲁派兴起后,严禁僧人娶妻,于是普遍采用以下办法解决寺主继承人的问题,即当某位高级僧人(喇嘛)逝世后,通过占卜降神寻访等一系列繁杂的宗教仪式来确定一位初生的婴儿为他的转生,由此代代相传,称为"某某几世",这些转世而来的教派首脑或寺主,汉语一般统称为"活佛"。

蒙古族活佛

5. 达赖喇嘛

"达赖"一词是蒙古语,意思是大海,是蒙古土默特部首领阿拉坦汗(《明史》中称为俺答汗)赠给黄教领袖索南坚措的尊号。

明朝末年时,蒙古地区分为许多部,各部都有首领统辖,其中以土默特部首领阿拉坦汗的势力最为雄强,有数十万兵马。他的统治中心在今天的呼和浩特一带,势力远达青海。

元朝时,藏传佛教就曾在蒙古贵族中流行,可是元朝灭亡后,蒙古的余

西藏的寺庙和佛像

与四世达赖喇嘛有关的内蒙古美岱召（麦达力召）

部退回到草原，藏传佛教的影响便微乎其微了，蒙古地区主要流行的是萨满教（阿尔泰语系民族的原始宗教）。

阿拉坦汗晚年时，又对藏传佛教产生了浓厚的兴趣，他三次派人到西藏迎请黄教首领索南坚措来蒙古传教。万历六年（1578）阿拉坦汗和索南坚措终于在青海的恰卜齐雅勒庙（明朝赐名仰华寺）会面了，双方谈判非常成功。阿拉坦汗赠给索南坚措"圣识一切瓦其尔达赖喇嘛"尊号，意思是"佛法像大海一样广大"。

自此以后，才有了"达赖喇嘛"一词，因索南坚措是转世的第三代活佛，人们就将他的前二世活佛分别称为达赖一世和达赖二世。

三世达赖应邀到蒙古地区传教，在归化城（今呼和浩特一带）受到隆重的接待和顶礼，呼和浩特市的席力图召（舍利图召，蒙语意为有舍利）即是为接待他而特建的。三世达赖这时又接受明朝政府的邀请，动身进京，然而却病逝在赴京途中。

为了使黄教在蒙古地区得到更广泛的传播，西藏僧界和蒙古王公合议，宣称达赖三世转生在阿拉坦汗家族中，也就是阿拉坦汗的重孙子，法名云丹嘉措。十七岁时，云丹嘉措被迎回西藏坐床，也就是达赖四世。历代达赖喇

五世达赖喇嘛铜像

嘛都是藏族人，只有他是唯一的蒙古族人。

　　藏传佛教又常把教主宣称为佛、菩萨的转生，达赖被称为是由观音菩萨转生而来的。今天的达赖喇嘛是第十四世。

6. 班禅喇嘛

　　班禅的"班"字是梵语"班第达（pandita）"的略称，意思是学者，"禅"

六世班禅喇嘛扎什伦布寺

是藏语"大"的意思，通称就是大学者。

  班禅的尊号也是蒙古人赠给的。清朝顺治二年（1645），蒙古和硕特部首领固始汗曾一度控制了西藏地区，为了扶持黄教势力，他赠给宗喀巴的四传弟子罗桑·却吉坚赞"班禅博克多"（意为大学者、睿智英武之人）的称号。后人将班禅的前三世活佛追认为班禅一、二、三世。康熙五十二年（1713），清政府正式册封班禅五世罗桑益西为"班禅额尔德尼"（额尔德尼是梵文的变音，意思是"宝贝"），确定了班禅额尔德尼的地位。从此，历代班禅转世都必须经中央政府册封，成为定制。

  班禅是扎什伦布寺及其所属寺庙的最大活佛，格鲁派宣称他是无量光佛的化身。

六世班禅喇嘛画像

哲布尊丹巴活佛制作的佛像

7. 呼图克图

呼图克图是蒙古地区对活佛的称呼。

蒙古、西藏、青海、甘肃等地的大活佛，只有正式得到清政府的册封和承认，才能称为呼图克图。这些活佛都要在北京的理藩院正式注册，发给印信，每一代呼图克图转世都要经过理藩院批准和授封。

理藩院是清政府设立的管理青海、西藏、蒙古、新疆等地少数民族地区事务的中央机构。到清末，在理藩院注册的青海、西藏、蒙古以及驻京的呼图克图共243人。在漠北蒙古（喀尔喀蒙古，相当于今蒙古人民共和国）以哲布尊丹巴呼图克图为首，漠南蒙古（相当于今我国内蒙古地区）以章嘉呼图克图为首。

哲布尊丹巴呼图克图的由来是明万历四十二年（1614）四世达赖喇嘛派僧人多罗那他去漠北传教，被蒙古汗王尊为哲布尊丹巴（意为尊胜），蒙古语又称为温都尔格根（无上光明）。崇祯七年（1634），多罗那他在库伦（乌兰巴托）圆寂，喀尔喀土谢图汗的幼子扎那巴扎尔，法名罗桑丹贝坚赞（1635—1723）被认定为多罗那他的转世，他十四岁时入藏，在布达拉宫从五世达赖喇嘛受戒学法。学成返回库伦时，带回西藏的高僧和建筑及彩画工匠共六百多名。这些工匠后来在扩建额尔德尼召（光显寺，万历十四年，1586建）时发挥了重要作用。

清康熙三十年（1691），扎那巴扎尔被册封为哲布尊丹巴呼图克图，即一世哲布尊丹巴呼图克图，主管外蒙古的佛教事务。扎那巴扎尔本人也是位艺术家，他设计制作的金铜佛像造型优美，成为喀尔喀蒙古佛像的独特样式，影响深远，在佛教美术史上占有重要的地位，在国际性的艺术品拍卖会上价格不菲。

章嘉呼图克图原是青海互助佑宁寺系统的转世活佛，第一世扎巴悦色是互助红崖子张家村人，故称章嘉活佛。二世章嘉活佛被康熙皇帝封为国师（康熙四十四年，1705），经常往来于北京和内蒙古多伦汇宗寺，主管北京、山西、内蒙古的宗教事务，颇有权威。历代章嘉活佛因与皇帝关系密切，结交广泛，不少朝臣贵戚都和他们有众多应酬，因而在清朝的政府文献和野史笔记中记载很多。

据《清朝野史大观》记载，第三世章嘉若必多吉深受乾隆皇帝的尊奉，活佛每次出门，都有许多信徒追随围观，妇女们将手绢铺在路上，让章嘉行乘的轿车的轴辘从上面轧过留下车痕，珍藏起来用以避灾求福。章嘉的车可以直接出入东华门，备受皇室和信众尊崇。

三世章嘉活佛在包头固阳五当召的府邸

　　由于格鲁派普遍实行转世制度，一些中小寺庙和稍有名望的寺主也用这个办法寻找接班人，这些中、小活佛的寻找手续就较为简化。

　　格鲁派的势力广泛，庙宇林立，僧人众多，活佛也自然人数不少。一般的寺庙每寺有一两位活佛，大的寺庙可以有十来位活佛不等，因寺庙性质不同，也有没有活佛的寺庙。

　　不过，有些没有经清政府正式册封的活佛不能称为呼图克图，蒙古地区一般称为"巴克希"，意思是教师。普通的僧人只能称为"扎巴"。

第三世章嘉呼图克图（肩标为宝剑与经书，与文殊菩萨相同）

跳鬼的仪式（陈谷文摄影）

寺庙内的学僧（陈谷文摄影）

8. 呼毕勒罕

活佛圆寂后，被寻认的转世婴儿称为"呼毕勒罕"，这是蒙古语，汉语称为"灵童"。

寻认呼毕勒罕可不是一件轻而易举的事，特别是西藏地区一些大活佛，同时又是政府的重要官员。例如达赖、班禅和其他呼图克图的转世，都是在清政府的密切关注下周密进行的。

例如当某位活佛逝世后，僧职人员要请其他的大活佛预言占卜或请乃琼（神巫）降神、打卦等，通过许多宗教仪式来确定活佛降生在某个方向，据说甚至可以预言出生在某家中，父母叫什么名字，有什么特征等。这个婴儿，一般是在活佛逝世十个月以后出生的。根据上述的各种条件和范围，其他的活佛和僧职人员等多人去各处寻访，寻访过程中要详细探求何地什么人家有新生的婴儿，以及一系列细节和详情。如婴儿父母的姓名，婴儿诞生时和诞生地有什么灵异现象，据说恰有与事先占卜的情况相吻合的。

经过多次寻访和僧界的反复论证后，还要对婴儿进行面试，届时要拿前世活佛生前用过的几件小物件如念珠、宝瓶、小佛像等让婴儿抓取，如婴儿随手抓取了内中物件，即可证明确系前世活佛转生。

经过多次反复确认，呼毕勒罕总算确定下来了。年幼的呼毕勒罕在稍知人事时，一般在三四岁时即被迎入庙中，经过剪发、取法名、坐床、受沙弥戒等阶段，成年后才能亲政。

达赖、班禅的转世过程从寻认一直到亲政，每一个步骤都要由当地僧官会同驻藏大臣详细报告清廷，都要皇帝亲自批示之后才可执行。

呼图克图的转世过程较达赖、班禅略微简化，但也要报告清廷。呼毕勒罕成年后，要经过清廷裁去呼毕勒罕称号，正式颁发呼图克图印信后才能称为呼图克图。

中、小庙自行转世的活佛可不需要这样复杂的手续。

达赖、班禅和有些大呼图克图还是地方政权的执政者，所以在转世问题上往往是政治权力和宗教派系斗争最关键和最敏感的大问题。清初曾发生五世达赖喇嘛罗桑加措逝世后，西藏地方俗官首领桑杰嘉措竟然封锁消息密不发丧达十五年之久，自己取而代之的事件，后被康熙皇帝察觉而废止。

转世过程中贵族和其他活佛暗中操纵的内幕已经是公开的秘密了。因此，灵童往往出在大贵族、大牧主家中，有的家族历史上可一连出好几位活佛。

虽然也有的灵童出于平民之家，但为数极少。

据《圣武记》记载，乾隆皇帝就对用占卜、打卦、降神这个办法寻找灵童表示怀疑，认为此事近荒唐不足凭信，那穆吹忠（降神占卜的专职神巫）肯定是受人之托而假托神言，为了防止蒙藏贵族搞裙带关系和其他不正之风，清廷在乾隆五十七年（1792）特意颁发了两个金本巴瓶，用金瓶掣签的方法来确定呼毕勒罕。

9. 金瓶掣签

金瓶也叫金本巴瓶，"本巴"为藏语，是汉语"瓶"的意思。乾隆皇帝颁发这两个金瓶，一个设在拉萨大昭寺，另一个设在北京雍和宫。按照清政府和

拉萨大昭寺的金瓶和掣签

西藏僧俗官员共同制定的章程规定：历代达赖和班禅圆寂后，事先由西藏地方政府和三大寺共同将选出的灵童姓名书于签上，每童一签，占卜出一个"良辰吉日"，届时将三个灵童的名字写在象牙签上，密封在金本巴瓶内，在隆重的佛教仪式中，会同僧界政界要人由驻藏大臣当场用象牙筷子从瓶内随机取出一签，签上所写的灵童即成为达赖或班禅的继承人。

为了使自己的孩子能成为转世的班禅或达赖，一些大贵族用尽了各种骗术，因此，每次转世过程都是一次激烈的权力和金钱的角逐，还经常为此事引起争讼事件。

设在雍和宫的那个金本巴瓶，是用于蒙古、甘肃、青海等地大活佛转世的，这些活佛都在理藩院注册过，寻认灵童和转世过程大致和达赖、班禅转世程序差不多，届时要由理藩院尚书会同驻京呼图克图监督进行。

用金瓶掣签的办法决定转世灵童对防止蒙藏贵族搞不正之风多少有些抑制作用，或者说是平衡各派势力的唯一办法。

第二章 藏传佛教的建筑和美术

一、建筑

拉萨的布达拉宫那鳞次栉比的建筑层层叠叠坐落在布达拉山上，在碧蓝的天空下，屋顶上的鎏金宝幢、倒钟闪闪发光，真好比到了人间仙境一样。

五世达赖罗桑嘉措写过一首赞美布达拉宫的诗，内中有这样的诗句：

纯金成幢焰火红，普照世间光明中。
日神含羞从夜台，跃向北州遁虚空。
四面梵天观诸方，何宫堪与此比长？
徒劳无获求久劫，有漏乐中睡未央。

布达拉宫远景

意思是说，宫城顶上的金幢像火焰一样，照耀人间，连日神也含羞地趁黑夜逃向北方了。四头的梵天（古代印度教、婆罗门教的创造之神，同时又是战争和灾难之神）想寻找一座宫殿来与布达拉宫相媲美，结果徒劳无获，只能坠入到永远的轮回中。

"布达拉"的意思是普陀山，是观音菩萨的道场。

这首诗形容布达拉宫确实一点儿也不夸大，雄伟壮丽、金碧辉煌的布达拉宫也可说是西藏佛教建筑艺术的顶峰。

随着西藏佛教的传播，各地的寺庙也受到浓厚的藏式风格影响，同时，又有中原汉族建筑手法在寺庙上的应用。因此，各地的喇嘛庙又呈现出大同小异的变化。藏传佛教寺庙建筑大致可以分为三种类型，即藏式建筑、汉藏混合式建筑、汉式建筑。

布达拉宫建筑顶部

1. 藏式建筑

藏式建筑是西藏佛教建筑的主要形式，像前面说过的布达拉宫即是这方面的典型。它的外形一般呈平顶梯形，多半是石头叠砌而成的，墙体非常厚，而窗子又很小，因此建筑外形给人以非常浑厚稳定的感觉。

内蒙古五当召外景（王磊义摄影）

内蒙古五当召

十相自在图是时轮学殿的标志

由于它一般都依傍山坡台地而建,所以建筑物显得很高大,为了消除建筑本身外形单纯的倾向,在墙身上又增加了许多横向的饰带,使建筑物显得层数很多,有的外表还开设了许多盲窗(假窗)来增加变化。

如布达拉宫本身只有九层,但外观装饰是十三层。这种建筑手法在内地汉式的塔中也经常采用。

在底层的前廊部分是一排排朱红色的瓜楞柱,柱头部分雕刻立体图案,上面撑托着粗大的替木。这种并列的瓜楞柱很容易使人联想到古代印度石窟门前的列柱。像云冈石窟的外形就是这种门前列柱式的。这是藏式建筑渊源于古代印度石窟的表现。

在墙体上方,一般多有棕红色的饰带,它是用一种北方高原上特产的茅草——菇莎草(汉族俗称万年蒿)填充而成的。将一捆捆菇莎草用铡刀断成数十厘米一段,用红土色浸染,然后填充在墙沿上方预先留出的框内,一捆捆草秆平行排放,断面整齐地朝外,给人以粗糙浑厚的感觉。万年蒿非常结实,数百年也不易腐烂。在这饰带上再缀上鎏金的铜镜等装饰物,构思很别致。

按教义规定,黄教派的经堂和塔要刷成白色,佛堂要刷成红色。方形的窗框四周和大门洞凹入部分也都涂以浓黑色,给人一种深邃神秘之感。

在主要殿顶正中装有鎏金的铜法轮,两旁有对卧的金鹿,象征着释迦牟尼在鹿野苑首次说法,初转法轮。也有的殿顶正中是莲花盘,上有层层倒钟,四角部分有宝幢、三股戟、摩尼宝珠等,都是用铜皮锤打制成的,外表有凸起的七珍八宝图案,在阳光下,金光耀目,富丽堂皇,这些都是有佛教意义的吉祥厌胜的装饰物。

进入大殿,里边柱子林立,密梁平顶,经幡、飘带、帛画密密层层,使

象征鹿野苑的饰物

法轮  　　　　　　　顶部的莲花宝瓶

殿内显得非常幽暗神秘。

在佛殿内供奉着高大的主佛，但光靠门口的光线是不够的，窗子有些还是假窗，为了解决这个问题，供大型佛像的佛殿大都内部不分层，殿内墙四周建一圈围廊，形成天井，天井三面开窗，射入光线。在围廊上可以看到佛像的胸部和头部，这个建筑手法也有印度石窟形式的影响。

例如日喀则的扎什伦布寺有强巴佛殿（即弥勒佛殿），内中矗立着一尊高约三十米的大弥勒佛，为了解决采光问题和从地面仰视造成的视觉误差，殿中佛头部分位于天井上方，四面建五层回廊，分为莲花座殿、腰部殿、胸部殿、面部殿和冠部殿，通过木梯而上可逐层瞻礼大佛。

宝幢

第二章　藏传佛教的建筑和美术

说法的宝座

殿内的经橱

西藏的寺庙和佛像

大昭寺内部

大经堂

高位僧人的座位

北京雍和宫最后一进的万福阁，又名大佛楼，内有一尊十八米（地下还埋有八米）的"迈达拉"（即弥勒佛，蒙古语称"迈达拉"）白檀香木雕佛像，为了便于欣赏这尊佛像，在阁内四周也建有三层阁，佛头部在第三层阁位置，胸部在第二层阁位置，人们可以从各层走廊清楚地观瞻大佛。

　　西藏江孜县的白居寺，外形是一座巨大的复钵式的喇嘛塔，顶部有塔刹、伞盖、十三天和塔身等，塔座有四层，每面开窗，内部有七十七间佛殿、佛龛，所以又有"塔中寺"之称。将塔的外形和佛殿的功能结合起来，这种建筑式样也是从印度借鉴来的。

　　著名的藏式建筑，如拉萨的布达拉宫、日喀则的扎什伦布寺、内蒙古包头固阳县的五当召等。有的主体藏式建筑物在顶端又加了一个汉式的大屋顶，一般为建筑学上所说的歇山顶，因而使建筑显得轻巧，这无疑是结合了汉族地区的建筑手法，但这只是细部上的变通，主体结构仍然是藏式的，不能算作汉藏结合式的建筑。

雍和宫的弥勒佛立像

　　藏式建筑还有一个特点，即建筑群不受汉式建筑讲究在中轴线上安排主体建筑，两侧有附属建筑的规制限制。在汉地寺庙中，经过千余年的演进，到明代已形成了一套寺院格局，即所谓的"伽蓝七堂"制。一般有三门殿、天王殿、大雄宝殿、观音殿、地藏殿、伽蓝殿、祖师殿、罗汉堂等，各殿供什么佛、菩萨、祖师、罗汉也是有规矩的，不能乱来。

西藏的寺庙和佛像

江孜的白居寺

甘肃拉卜楞寺殿顶装饰

甘肃拉卜楞寺

  而藏式喇嘛庙是以佛殿或大经堂为中心建筑,各扎仓和活佛府、僧众住宅等都围绕着主体建筑而分布,加上佛寺一般建筑在山麓台地上,各附属建筑还要利用地形,因地制宜,因此藏式寺庙建筑群高低错落,富有变化,不强调布局的对称,不像汉式佛寺那样庄重呆板。

2. 汉藏结合式建筑

  汉藏结合式的寺庙在青海、甘肃、内蒙古、河北等地分布较多。其建筑的主要特点是主体结构基本采用汉族地区传统的木结构梁架，顶部也是歇山顶式的大屋顶，但是它常将数个殿宇组合为一座相连的建筑，俗称为"勾连搭"，在组合过程中又结合了许多藏式特点，以适应宗教活动的需要。

例如内蒙古达茂旗的百灵庙大经堂和包头市土默特右旗的美岱召大经堂就是这样，均由三座歇山顶的殿宇组合而成，在中殿外部底层则围以藏式围墙，顶部形成平顶，以便于在屋顶活动，最后一殿仍是通天柱一贯到顶，内供大佛，并建二层回廊以便观瞻。

在这些殿的细部装饰上，除鸱吻、角兽外，又常用藏传佛教寺庙特有的摩尼宝、莲花倒钟等，四角也安装三股戟、宝幢，使建筑物显得灵活轻松。

在这类汉藏结合式的殿宇布局上，也采用了汉式寺庙中轴线布局，一般也有山门、天王殿、大雄宝殿等。

这类寺庙大部分建于明清时代，靠汉族地区比较近，因而受到内地建筑的影响，特别是蒙古地区以这种混合式手法为常见。

明代以来，明政府对蒙、藏、甘、青少数民族地区的藏传佛教采取扶持政策，一些著名的大寺都是明政府提供技术力量完成的，技工等都是由内地派去的，施工用的铁器、颜料、油料等也多由内地供给，寺庙建成后，明政府还要赐予汉名，这一切都使边疆兄弟民族对中央政府产生了强烈的向心力，在建筑上也得到了充分的反映。

内蒙古美岱召

例如内蒙古呼和浩特市的大召，是土默特部阿拉坦汗受明封顺义王后和夫人三娘子主持兴建的，汉名"弘慈寺"。内中建筑即是汉藏混合手法，建筑过程中明政府曾给予了技术力量支持，因此，它的建筑风格和汉族地区寺庙很接近，也是前有山门，中有大殿，最后是藏经楼（九间楼），但大殿形式和前面介绍过的百灵庙和美岱召多少有些类似，还有藏式手法在里面。

3. 汉式建筑

纯粹汉式藏传佛教寺庙也不少，像青海的瞿昙寺、五台山的罗睺寺、沈阳的实胜寺、北京的雍和宫等。

内蒙古的汉式藏传佛教寺院

这些藏传佛教寺庙虽然全部采用汉式木结构，但在细部装饰、彩画和屋顶的鸱吻兽头等部分，仍要突出藏传佛教的特点。

4. 按密宗义理构想的建筑

藏传佛教寺庙除了上面介绍过的三种主要形式外，还有些建筑物形式独特，例如承德普乐寺的旭光阁，是个坛形，有点类似北京的天坛。还有北京西郊的真觉寺金刚宝座塔（俗称五塔寺），以及内蒙古呼和浩特慈灯寺的五塔等，都是汉藏建筑上比较少见的形式。

这类建筑的布局设计，实际上都是按佛经上描述的曼荼罗的形式建造的。"曼荼罗"梵文意思是"坛""坛场"，是佛教密宗修法必用的，汉地佛教密宗修法也有坛，和西藏密宗的坛不大一样。

曼荼罗大致又分为四种，有画成平面形的，也有做成立体形的，可大可小，因此，上述的建筑物实际上是个大型立体曼荼罗，建筑物的每个细部都象征着佛理，不光是出于建筑物的结构和造型着想。

例如，承德普乐寺的后半部主体建筑旭光阁，建在一个方形台座上，它有双层圆形的攒尖顶，和北京天坛祈年殿有些相似，经坛第二层平台上，并列着八座琉璃塔，四角的四座为白色，西面为紫色，东面为黑色，南面是黄色，北面是蓝色。八座塔形状相同，均为复钵式宽肩圆腹的喇嘛塔。第三层方台的四面各有一门。这座建筑本身就是一座大曼荼罗，它的平面布局是章嘉国师依据佛教密宗曼荼罗仪轨设计的。因此，曼荼罗也称作坛城。

承德外八庙之一的普宁寺后的大乘阁一组建筑，也是按曼荼罗义理而布置安排的。大乘阁建在一座九米高的台基上，是模仿西藏的三摩耶庙的布局。以大乘阁为主体，代表须弥山（印度神话中的山名，后来被佛教采用，意思是"妙高"）。佛经上说，须弥山两侧有日月环绕佛身升降，所以大乘阁两侧有两座长方形小殿叫日殿和月殿。阁的南面建有梯形殿，代表四大部洲（古代印度神话中人类居住的地方，佛教也采用此说）。四大部洲分布在须弥山

承德普乐寺旭光阁

四方的咸海之中，也称为"四天下"。南面有南赡部洲；北面假山上有方形殿代表北俱芦洲；东面月牙形城台上的殿代表东胜神洲；西面椭圆形城台上的殿为西牛贺洲。四大部洲左右建有四种形状的八个小台，代表八小部洲。阁的四角又有四座覆钵式塔，代表"四智"，东南角的是红色，塔身镶琉璃莲花，象征着释迦牟尼诞生；东北角的黑色塔，镶琉璃降魔杵，代表释迦降魔得道；西北角的白塔，镶琉璃法轮，代表释迦成佛初转法轮；西南角的绿塔，

51

镶琉璃佛龛，象征释迦佛涅槃。

北京颐和园后山也有四大部洲，有四座颜色和形状都不同的琉璃塔，也是象征着曼荼罗的建筑布局。

还有北京西郊真觉寺金刚宝座塔（俗称五塔寺）、内蒙古呼和浩特慈灯寺塔、云南昆明官渡的五塔，都是在方形的台座上建有五座方塔，中间一座最高大，四角四座较低小，每座塔身上都有浮雕并有一尊主佛像，这实际上是按照密宗金刚界曼荼罗的仪轨设计的。佛经上说，金刚界有五部，每部各有一部主，即"上有五佛，分为五塔"，以代表大日如来化身的"五佛五智"。

由此可见，这类建筑无论整体布局还是细部点缀都有一整套密宗义理包含在内，有点类似秦汉时的建筑，按照阴阳五行的谶纬学说来布局。

5. 佛塔

在寺院的建筑群中，塔也是一个重要的组成部分。这些宽肩圆腹的塔就像个倒扣着的钵，所以又叫覆钵式塔，藏语称为"噶当觉顿"式。

塔的梵语叫"窣堵波"，也译为塔婆、浮图等。藏语称为"却勒代"，蒙古语称为"苏波尔嘎"。原意是堆积土石，收藏遗骨。在佛教中塔又演化出很多意义，一般来说是释迦佛或高僧圆寂后火化收藏骨灰的，此外还有供养他们的指甲、头发、衣冠的塔，如乾隆皇帝即造金塔供养他母亲的头发。

在密宗中，又把塔作为大日如来的标志，前面说过的五塔，即是大日如来化为五佛的标志。

塔的形制虽然多样，但意义大致相同。在我国，早在汉代就已经开始造塔了，《后汉书·陶谦传》中就说笮（音则）融"大起浮图祠，上累金盘，下为重楼，又堂阁周回，可容三千许人"。

藏传佛教的覆钵式塔最有名的如北京阜成门元代妙应寺白塔，是元代至元八年（1271）由尼泊尔工匠阿尼哥设计兴建的，高达五十多米，通身白色，顶上有铜宝珠、伞盖，极为雄伟壮观。

北京真觉寺宝塔

西藏的寺庙和佛像

藏式佛塔

塔尔寺的八大灵塔

　　覆钵式塔在形制上各时代、各地区也不完全一样，但总体规格上是大同小异的。元明时代佛塔的最上部塔刹部分是宝瓶，有点像个宝葫芦，如五台山塔院寺内明代所建的塔，下有伞盖，塔颈部分是十三层，称为十三天。清代的塔刹部分变化为仰月和日盘，塔身呈覆钵形，中间还开有一个小龛，叫眼光门，最下层是塔基。清代，还有的在十三天两旁各安一朵像是下垂的云朵一样的塔耳。

　　按藏传佛教的说法，塔的各部分分别代表地、水、火、空、风五大要素，即日月部代表空，伞盖部代表风，相轮（十三天）部代表火，覆钵部分代表水，台座部分代表地。意思是说，土依金（"依"是相生的意思），金依水，水依风，风依空，而空无所依，也就是所谓"四大皆空"。

　　在青海塔尔寺，有一组八座喇嘛塔一字排列着，这种八塔也称为八大灵塔，是纪念释迦诞生、得道、降魔等八件大事而建的，也可说是八相成道的

55

标志。

在印度和尼泊尔释迦佛当年活动过的圣地，都分布着八大灵塔：

（1）迦毗罗卫的蓝毗尼园（诞生处）；

（2）摩揭陀的尼连河（得道处）；

（3）波罗奈城的鹿野苑（首次说法处）；

（4）舍卫国的祇陀园（释迦成佛后的安居处）；

（5）桑迦尸国曲女城（从忉利天下处）；

（6）王舍城（化度分别僧处）；

（7）毗耶离城（将入涅槃处）；

（8）拘尸那城（涅槃处）。

在藏传佛教寺庙中又有灵堂，内中供奉着本寺历代祖师的舍利塔，这些塔大多是铜制鎏金，上面镶着松石、玛瑙等，制作极为精细。

例如布达拉宫内五世达赖的灵塔，高十四米，用金皮包裹，珠宝镶嵌，仅包金塔一项，就耗黄金十一万多两，极其辉煌壮丽。

二、美术

作为五明之一的工巧明，历代的各族僧人们都对佛教艺术给予了高度的重视，并潜心钻研出许多重要的绘制佛像、制作法器、建造寺宇的仪轨和规定，这些法规使佛教艺术千百年来不论地区和时代在风格上有多少差异，但总的仪轨和气韵却一直顽强地保留不变。风格上则以藏族的传统审美意识为主流，同时又受到印度和尼泊尔地区以及中原汉族地区的强烈影响。

据说莲花生大师就非常重视绘画雕刻，《莲花生大师传略》中说，印度有

杭州飞来峰的藏式佛像（左尊胜佛母、右金刚手）

个画匠叫穆肖噶玛，精通工巧明，生于释迦佛在世时。传说莲花生大师见到他时已经八十岁了，大师不耻下问，亲自向他请教雕刻金、银、铜、铁、木、石、竹等技艺以及织染绘画、修造房屋的本领。有个女人惊问其故，大师说："不精通五明，怎么能更好地度化众生，传播教义，使佛教对人们产生潜移默化的作用呢？"

由于藏传佛教美术的风格个性非常强烈，所以古时候汉地人们把西藏及印度地区传入的佛造像风格总称为"西天梵像"或"梵式佛像"。

南北朝时由于佛教大发展，印度和西域的佛画风格涌入中原，使全国各地的石窟造像都受到强烈影响。

元朝，由于以忽必烈为首的蒙古贵族对藏传佛教的扶持，迎请西藏萨迦派首领八思巴到内地传教，封他为帝师，大宝法王。藏传佛教美术也随之进入内地，使汉族地区的佛教美术也深受影响，至今遗留在杭州西湖飞来峰石窟里的造像不少就是元代西藏密宗佛教的产物。一直到明清，特别是北方地区，汉族佛教美术里还隐约可见藏传佛教美术的影响。

藏传佛教美术经历代画工们传承、总结，逐渐形成了一整套有关比例、面相、标识的法则，他们师徒传承，岁久而不变。在藏文经典中还有《造像量度经》等专讲绘制释迦佛的标准尺度的经典。

1.《造像量度经》

这部经也叫《舍利弗问经》，是后人托名释迦佛所作的。据说是释迦的十大弟子之一舍利弗请问释迦佛："如果弟子们想念您，想绘制您的仪容，该怎样画才好呢？"于是释迦自己讲述画自己的尺度，各部分比例、色相等。

清乾隆初年，蒙古族人乌珠穆沁部公工布查布，自幼是康熙皇帝抚养长

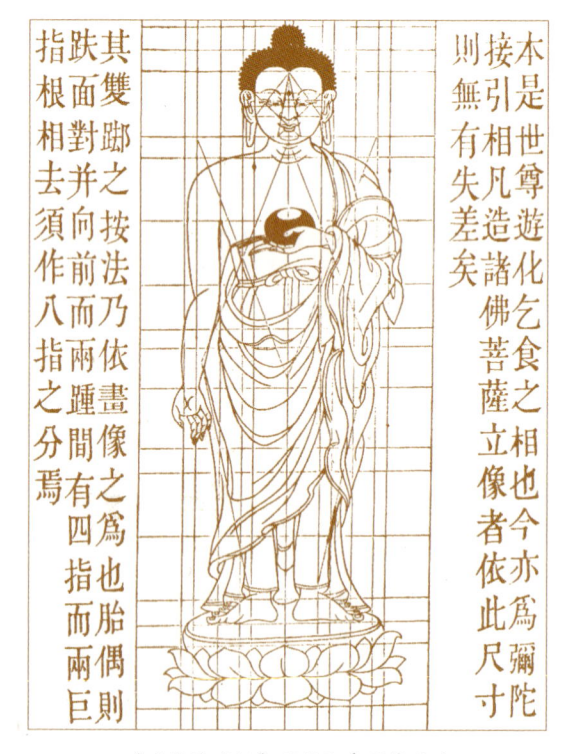

《造像量度经》的释迦牟尼像画法

《造像量度经》中的绿度母（左）、长寿佛（右）

大的，精通满蒙、藏、汉几种语文，又喜读佛书，曾和几位著名的喇嘛僧人学习画佛像和梵塔的尺寸比例。雍正时他任西番学总理，乾隆时又任内阁番蒙译事，从事翻译蒙藏文献工作。

乾隆初年，洮州禅定寺崇梵静觉国师来北京，与他谈起藏文本《造像量度经》，建议他将此书翻译为汉文。工布查布也深感没有一本汉文本，绘制佛画而常出错误，于是他仅用了一个多月时间就将此书翻译成了汉文。

这部经本身并不长，是只讲画释迦佛的，工布查布参考了多种其他经典，又做了一卷《经解》和一卷《续补》，特别是《续补》里，对菩萨、明王、各部鬼怪等样式和造曼荼罗、装藏（佛塔、佛像腹内的装载物）等都做了详细规定，是一部重要的研究藏传佛教美术的参考书，日本及欧洲还有译本出版。

2. 壁画

寺庙各殿堂里没有一块墙面是空白的，目之所及，墙壁上都画满了壁画。那题材自然绝大部分是宗教内容的，但也有一些重大的历史事件。通过这些壁画，我们今天还能窥见当年的一些情景。例如布达拉宫内的"顺治皇帝会见五世达赖""固始汗与第巴桑吉"，日喀则德庆坡章内的"八思巴去蒙古朝觐忽必烈"等，都是极为宝贵的历史资料。

壁画的技法一般多采用单线平涂，在打磨光洁的白墙上，先用淡墨或淡色起稿，然后画主体人物等，再画背景部分，最后统一勾勒线条。

使用的颜料绝大部分是矿物质的，如石青、石绿、土红、朱砂、金粉等，这些颜料不透明，遮盖力强，不易变质。为了达到凝重饱满的色彩效果，使用时还要调入蛋清、骨胶、牛胆汁等。画面构图饱满，色彩艳丽而沉着，线

内蒙古美岱召壁画中的伎乐天

条流畅生动，有的细部还要用金线勾勒，给人以富丽堂皇、雍容华贵之感，可说是既可远观，又可近赏。

绘制各种佛、菩萨时都要依据前面说过的《造像量度经》等有关经典的规定，特别是如来形象的佛像绝不能自由创作和随意发挥，这也是为什么数千年来我国乃至世界各地的佛像都大同小异的原因。

但是画到菩萨、天王、力士、明王、佛母等时，虽然经典上也有详细规定，但历代工匠总是自觉不自觉地注入了自己的感受，画得较为自由，生动有趣。特别是罗汉，不论是汉式的还是梵式的，都描绘得非常生动写实，完全是生活中僧侣的写照。

在那些大幅主尊像的背后，又穿插了许多以现实生活为依据的征伐射猎、放牧挤奶、饮食起居和帐房毡包等生活场景，使人感到非常亲切。这些也是

内蒙古美岱召壁画中的蒙古贵族

我们今天研究历史上兄弟民族的宝贵资料。

在西藏美术史上，从10世纪末叶开始出现了江孜派，画师多是江孜人，这派的绘画雕刻有着浓厚的印度和尼泊尔风格，人物画写实技法很强，在江孜的白居寺可以看得很清楚。

17世纪时又有门当巴、门那屯珠（又称江央屯珠）开创的门当派，这派画风颜色对比强烈，色彩艳丽，喜用金线在黑地上作画，是前藏地区绘画的主流。此外还有青孜派等。以上这些画派都留下了大量作品。

青海地区最有名的藏画中心是同仁县的五屯乡，这里的藏族人百分之九十以上都能画壁画、唐卡和塑造雕像，画风细腻艳丽，被誉为"藏画之乡"，作品遍及青藏并远销欧美等国家。

3. 唐卡

"唐卡"一词是藏语，意思即平面画，一般画在布上、皮质上或纸上，它是藏传佛教的最为普及的艺术品。在寺庙里不论哪个殿都层层叠叠张挂着唐卡，令人目不暇接。

古代印度有一种名叫"钵陀"的绘画，是用袈裟的底布条幅画佛画，可以说是唐卡的早期形式。

唐卡起源于何时，目前还待详考，从7世纪松赞干布和文成公主及尺尊公主联姻以来，中原和尼泊尔的文化同西藏固有艺术的结合，使西藏的艺术出现了辉煌的局面，许多宫殿的建造需要大量的美术装饰工作。据五世达赖著《大昭寺目录》一书记载，法王（松赞干布）用自己的鼻血画了一幅白拉姆女神像，以后被果竹西活佛塑白拉姆女神像时，当作佛藏（佛像、佛塔内装的经书、佛像等）装在白拉姆像腹内。这幅松赞干布亲自画的佛画虽然已不存在了，但从中可以推测，唐卡在松赞干布时代已开始兴起了。

唐卡的题材自然仍以宗教画为多，但也有许多取材于社会历史和社会风俗的历史画和风俗画，也有关于天文、历法、医学的作品。例如17世纪时，

第二章 藏传佛教的建筑和美术

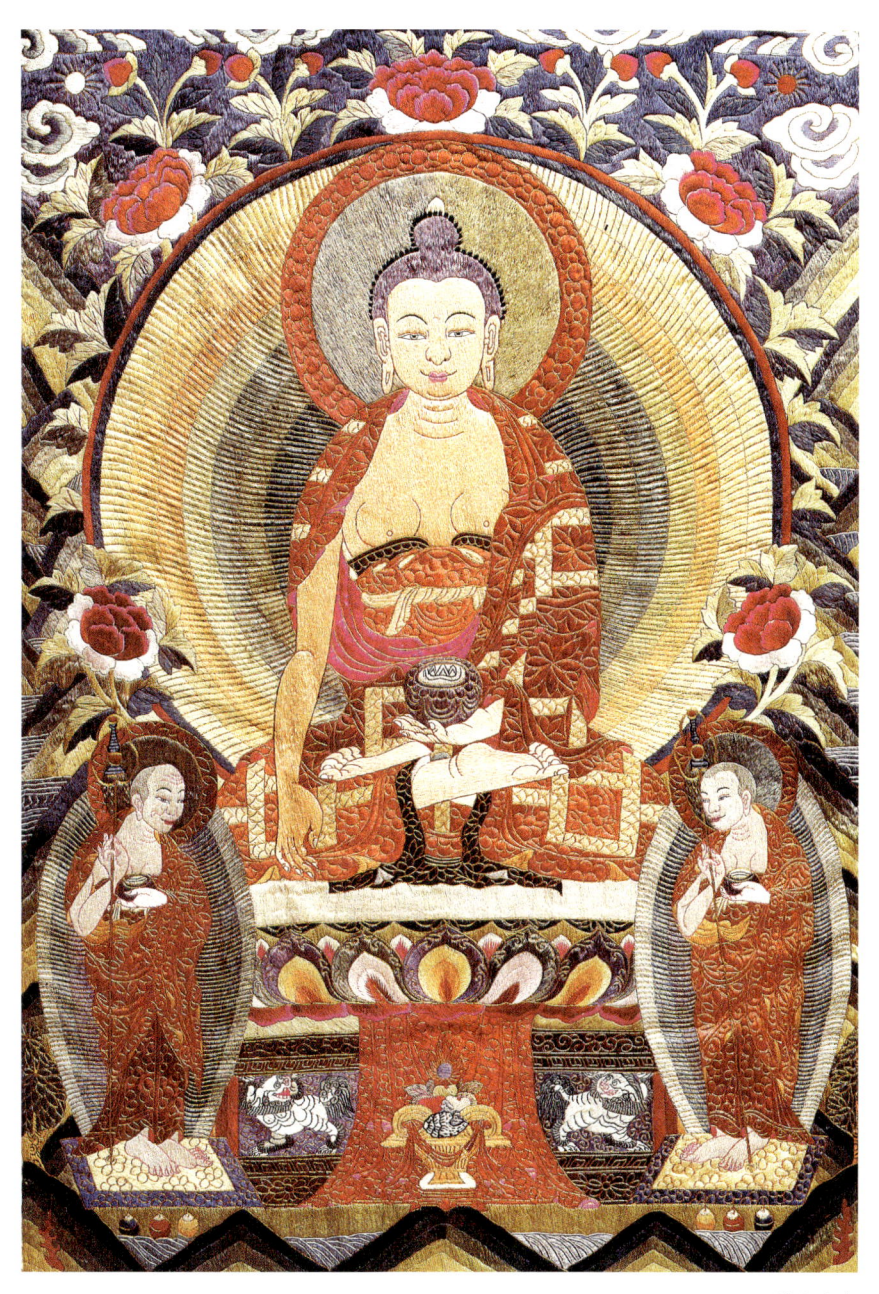

刺绣唐卡

各地著名的画师集中在拉萨,系统地绘制了一套完整的医学唐卡,有七十九幅,在藏医史上产生了深远的影响,是一套极其珍贵的医学资料。

唐卡的画派也和前面说过的壁画风格是一致的,凡是藏传佛教流行的地区都必有唐卡,风格自然也是各呈异彩、争奇斗艳的了。

唐卡的制作是用亚麻布或粗毛布为底,较珍贵的还以丝绸为底布。作画之前,先将画布四周用麻线穿起来,撑绷在特制的木框上,使布具有弹性,平展而不褶皱,然后用骨胶和滑石粉调成糨糊状涂抹画布,将布上的小孔全部封死,抹匀后用蚌片或光滑石子将糊状物刮平磨亮,这是打底程序,干燥后即可在上面作画了。

起稿一般用木炭条或淡墨勾出轮廓,还有一种是将木板佛画印在布上代替打稿的,起稿时要在布上打成若干方格和斜线、对角线,按照各佛、菩萨的造像量度、身体各部尺寸、五官的比例,将主尊轮廓确定。各类佛像都有固定的程式,对于世代相传、多年从事此道的画师来说是轻车熟路,并不费力。这些标准化的佛像仪轨,保证了佛像多年来大致不走样,使我们今天鉴别起来也有规律可循。

下一步是画面着色工作,一般是从中心主要人物开始,然后扩展到四周人物和背景,颜料和画壁画的差不多,也多是矿物质颜料,使用时研磨得非常细腻精致。

完成以后,将画幅四周包缝绸缎,藏语叫"谢克布",可以放下来防尘,外面还垂着两条装饰用的锦缎带子。高档的唐卡用来包边的绸缎有的是明清宫廷赠给的,图案精美,缂丝提花和刺绣的锦缎是江南各地专为皇宫制作的,也是今天研究纺织史的重要实物。

唐卡除了画的以外,也有许多是用刺绣、织锦、缂丝、贴花等多种技法制作的,甚至还有用颗粒不等的大量珍珠金线绣缀而成的唐卡,令人叹为观止。

青海塔尔寺制作的贴画也即堆绣唐卡享有盛名,制作时先在画布上起好轮廓,然后用各种符合物体颜色的绸缎剪成各种形象,下面衬上羊毛、丝棉等

僧人绘制唐卡

学徒绘制唐卡

物，再用丝线绣在底布上，远看有立体效果并给人以华贵之感。

唐卡的大小尺寸不一，小者数十厘米，大者可达数百平方米，画师要花费数年时光才能完成。例如各喇嘛庙每年"晒大佛"的活动都要展览巨幅唐卡，布达拉宫的一幅大佛像高达五十多米，要数十人才能扛动。

有的唐卡制成时还要举行"加持"，即要念经作法，在画背面要用金汁或

西藏的寺庙和佛像

唐卡的成品

朱砂写上经咒，才算有了灵异。

优秀唐卡作品的艺术价值不亚于一幅名画，画师们带着发自内心的虔诚，穷年累月地终生默默制作，倾注了全部身心和智慧。画面上绝没有敷衍了事的败笔，甚至每个最微小的细节都用针尖一样的毛笔精心绘制，真是纤毫入微，仔细观察真使人难以想象当初是怎样制作的。但通观全幅画面，又都主次分明，绝没有喧宾夺主的现象。

4. 雕塑

雕塑也有各种风格流派，其中印度、尼泊尔和内地汉族的雕塑艺术都给

大持金刚

予了藏传佛教雕塑以重大影响。雕塑大致可分为以下几类：

金揲像 也叫锤揲像，即用薄铜板锤打而成的，这类像一般比较大，形体轻薄，各部分制成后再往一起拼接。据记载4世纪西晋时沙门竺道一在嘉祥寺就曾用此法造金揲千佛像。

铸像 质地有金、银、铜等，藏传佛教极少用铁铸佛像。制成的佛像又喜鎏金，佛像的耳环、胸饰、臂钏、眉间白毫、宝冠等部位有的镶嵌松石、宝石、珍珠等。

泥塑 内以木骨架上缠绕绳麻，外敷泥，方法和汉族地区基本一致。

除立体泥塑外，还有许多小型浮雕佛像，藏语称为"擦擦"。这个词早在《元史·释老传》中就有记载："擦擦者，以泥作小浮屠（佛）也。"

这类佛像体积小，便于随身携带和家庭供奉。清代帝后每到寿日，造万

铸像后的加工（顾绶康摄影）　　制作擦擦的僧人（顾绶康摄影）

68

擦擦

佛像施舍各寺，大都是这类造像。

油塑 这也是藏传佛教独特的宗教艺术品，是将色彩调入酥油制作的。制品十分艳丽，符合物象的固有色，特别是花卉，花朵枝叶颜色配合十分巧妙生动，那大朵的莲花、西番莲，每层花瓣颜色都有深浅变化，色调丰富自然，纤细的花叶，脉络分明，似乎还能感觉到花卉枝叶生命的颤动。由于油质本身轻薄透明，甚至连头发丝都可表现出来，这是其他质料的雕塑所不能比拟的。

酥油花是什么时候首创的，也有不同的说法，有的说是文成公主进藏时带去了释迦像，教徒们为了表示尊敬，供奉了一束酥油花，以后传到了塔尔寺。蒙古地区传说，宗喀巴幼年出家，年长后负笈到西藏求学深造，游子远行，总是思念湟水河畔的故乡。一夜，他梦中的家乡开满了奇花异卉，各种仙禽祥兽嬉戏其中，景色非常优美。于是每到藏历正月十五日花灯节这天，塔尔寺的僧人便展出根据宗喀巴梦中情景制作的酥油花。

届时，金瓦寺旁的广场上搭起高大的彩棚，悬挂五颜六色的经幢帛画，飘带流苏。万盏酥油灯通明，香气氤氲，气象纷繁。棚内陈列着大型酥油群塑，题材以释迦牟尼一生的佛传故事为主，穿插有"唐僧取经"等佛教故事以及宗喀巴等祖师的事迹等。主体人物有真人大小，次要人物有尺余，背景则有山峦、寺塔、亭台楼阁、花卉林木、飞禽走兽等。

石雕 喇嘛庙附近山崖上石雕也很常见，但立体石雕像不是太多，多为浮雕，例如拉萨近郊的药王山上即刻了数百尊各类佛像，从释迦到菩萨以及祖师像都有，同时浮雕上还施以各种色彩，远看亦非常绚丽壮观。

承德外八庙磬锤峰附近山崖上也刻有吉祥天女、米拉日巴、不动明王、五世班禅、宗喀巴、七世达赖、弥勒佛七尊佛像，雕刻也很生动。

这些浮雕因受石质、工具等的限制，不可能精雕细刻，但却给人以质朴浑厚、粗犷有力之感，同样也是藏传佛教美术的一项重要遗产。

木雕 喇嘛庙内雕饰繁缛的柱头、门框、梁枋、替木等，既是建筑物的组成部分，同时又是一件件精美的艺术品。寺庙门窗下的裙板上、佛龛上、

拉萨郊外药王山的摩崖石雕佛像

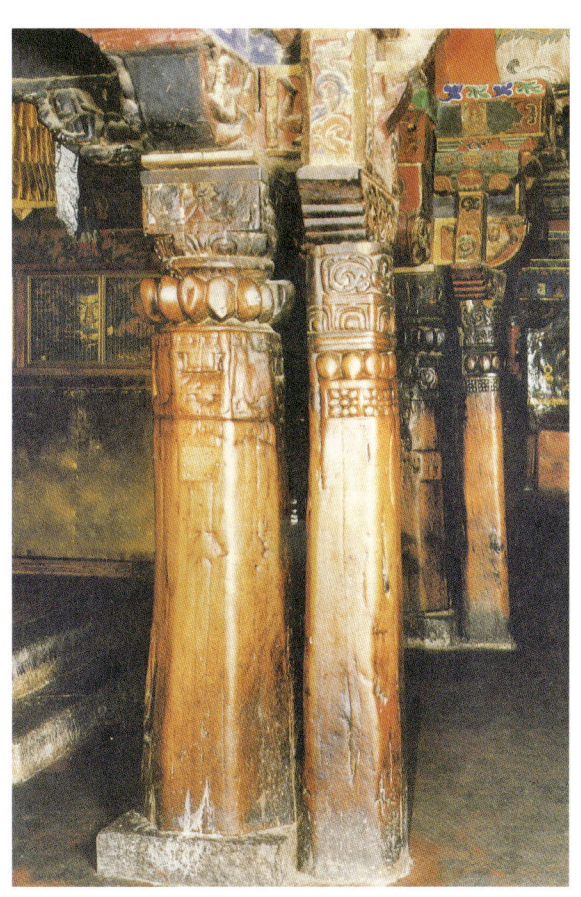

大经堂8世纪的木柱

莲座上，甚至经书首尾的护板上，也全都密密雕饰着经文、佛像、人物、动物等图案，刀法纯熟，刚柔相济，运用镂空、挑剔等各种刀法，使这些无生命的木、石，充满了盎然的生机，整个寺庙也可说是一座灿烂的艺术博物馆。

木雕的大小佛像也较常见，特别是那些精巧的小型木雕，其精镂细刻、苦心制作，艺术价值不亚于铜佛像。

夹纻像　也叫干漆夹纻，脱胎漆。它的历史可以追溯到一千五百年以上，晋代高僧法显在《佛国记》中就记载于阗国（今新疆和田一带）有夹纻佛像。

这种工艺是先用泥土大致塑出佛像的轮廓，然后往上面缠一层纱布刷一道漆，同时进行细部捏塑，经过数十道缠布涂漆和细部修整，泥胎的外面已形成了一层又硬又厚的漆布层，待这层漆布干透，再将泥土从底部掏出来，一件成品即完成了。这类佛像体轻不易损坏。据《元史》等书记载，元代尼泊尔的工匠阿尼哥和刘元都精于此道，此种技法也称为"脱活"。

8世纪夹纻菩萨像

5. 木刻

古时候的经书,是刻在木板上再印刷的,为了增加佛经的感染力,还往往在首页冠以插图。也有不少独幅的木刻佛画,这些佛画,有印在布上作为绘制唐卡的底稿,也有拓印在各种颜色的色纸上,作为单色佛画供奉的,在蒙藏地区牧民的家中经常可以看到。

还有一些用木刻形式拓印在布帛上,内容有各种吉祥图案、长寿图、风马图、天文图、医药图等,用来扎结在树木上、嘛呢堆上、寺庙广场上等,

风马旗

随风飘扬，称为风马旗。藏语中称为"隆达"，拉萨和后藏日喀则以及康区德格是风马旗的三大雕版印制中心。

这些木刻画都是白描线画，没有今天木刻画那种大块黑白的对比，因而线条非常纤细工丽，每一部分细节甚至包括每根头发丝都要用刀仔细刻画。欣赏这些木刻画，无不使人惊叹古代画师们的高超功力，真可说是一丝不苟，细入纤毫。

但是风马旗上的画面又绝不是杂乱无章、喧宾夺主的，这些画的构图非常讲究，不论多么复杂的画面，都处理得有疏有密，虚实相间，主次分明，主体人物非常突出。

木刻要选用坚实的、纹理细密的木板，如梨、枣、榆、桦之类树木，大幅画要数块拼接，刨平、打磨光亮才能刻制，复杂的画面要数月才能完成。

具备刻经力量的大喇嘛庙都有专门收储经版的版库，里面竖木架，木板整齐地分类排放，一部大经要数千块乃至数万块经版。

佛经、佛画有几个重要的刻印中心：拉萨、德格、康定、北京等都有刻印发行。其中规模最大、最有影响的是德格印经院。

6. 德格印经院

德格印经院位于四川省甘孜藏族自治州，坐落在雀儿山下的金沙江东畔的雪山深谷之中，已有二百九十多年的刻印经书佛画的历史。

印经院由藏版库、储纸库、晒书楼、洗版平台、裁纸齐书室组成，设备完善。

印经院的创立相传有这样一个故事：二百九十多年前，这一带的大土司却吉·登巴泽仁信奉佛教。他的衙门前面有块草坪，当中有个小山包，每当傍晚，似乎能听到山包后有小孩子读书的声音，于是他就想印经刻书传播佛教。

过了几天，一个叫拉翁的人刻了一部经书来送给土司，当拉翁赶着黄牛

德格印经院

　　驮着二十二块经版走到这个小山包前时，黄牛突然受惊，把经版撒了一地。土司认为这是佛的启示，便决定在撒满经版的草坪上铲平山包，建造印经院，并令拉翁负责经版的刻印，以刻经版来代替他家应支的差役。印经院先后用了四百多农奴，花了十六年才建成。

　　为了使书版能长期保存，他们从选材到印刷都有一套完整的操作规程。秋天，伐来刚落叶的红桦木，顺木纹锯成版片，并马上用劈下的红桦木屑烧起微火，把版片熏干，然后放在羊粪中沤一个冬天，再取出来经水煮、烘干、刨平后才能雕刻。

　　经版多是两面雕刻，版上无论是文字、标点还是图画都刀痕清晰、细密坚硬。为了保证刻深刻好，不出错误，规定每人每天只准刻一寸版面，刻好后认真地校对，挖补改错。校改后的印版放在酥油中浸泡一天，取出晒干，再用一种叫"苏巴"的草根熬水，将其洗净晾干，一块经版要经过这样多的工序才算完成了。

印刷这道工序也很讲究，重要的经典，一律用朱砂印刷，一般的经书也要用白桦树皮烧制的烟墨印刷。纸张也是特制的，有一种叫"阿交如交"的草根，纤维好，造出来的纸韧性强，因有毒性，不怕虫蛀鼠啮，久藏不坏。

德格印经院印刷了许多佛学名著和版画，作品远销甘肃、青海、宁夏、西藏、云南、北京、南京等地以及印度、尼泊尔、不丹、锡金等国，享有广泛的赞誉。

7. 纳唐印经院

西藏日喀则的纳唐寺也是一处著名的印经院。

据说印度高僧阿底峡入藏途中曾在这里休息，他看到这里景致非凡，预言

刻制木板佛经

将来在这里造寺必能弘扬佛法，于是在公元1033年后带弟子们创建了纳唐寺。

1730年，当时的西藏政府噶伦和监管后藏事务的颇罗鼐，主持创建了这个印经院，为了加快工程进度，他下令全西藏人民支差服役，用了二十年才将印经院建成。

印经院集结了藏族优秀的画家、书法家和刻印工匠，刻印出了大量藏文巨著，如整套的《甘珠尔》和《丹珠尔》经，此外还有套色版画《释迦百行传》等名作。纳唐印经院刻印的佛经在质量上和发行范围上并不亚于德格印经院。

第三章 藏传佛教的各类佛像

一、概说

　　藏传佛教寺庙里各种佛、菩萨、明王、护法、佛母、祖师等造像多而复杂，是内地寺庙的造像远远比不上的，到底有多少种，谁也说不清。一般认为有两三千种，虽然不太精确，但有上千种是可信的。

　　清代一些这方面的僧人学者曾编过这类图谱，如乾隆时三世章嘉若必多吉著《三百佛像集》和洛桑却吉尼玛二世土观呼图克图著《五百佛像考》所收藏佛像就分别有三百尊和五百尊。

　　民国二十六年（1937）美国女学者埃文思夫人和我国佛学家王岩涛编过一本《密宗五百佛像考》，收集了密宗的五百尊造像。

　　在国外还有数种这方面的图录，但佛像总数确实无法统计。这是因为，藏传佛教中的造像除了显宗方面的以外，还有许多密宗方面的，特别是密宗造像更复杂多变。再加上莲花生大师在和苯教徒斗法的过程中，把许多苯教的神祇和作法仪式也吸收到藏传佛教里来了，使藏传佛教的神鬼数量无法精确统计。

　　此外，藏传佛教里教派众多，各派崇拜的神和供奉的祖师也不完全一样，由于这诸多原因，各地寺庙中的造像也就形象繁多，互有出入，有些造像甚至连僧人也不一定认识。

　　就佛像来说，同一尊佛在喇嘛庙里有几种不同的形象，一会儿是表情平静、肢体正常的；一会儿又是多面多臂的忿怒相，还有男女拥抱双身形的，这又应该怎样理解呢？

　　按照密宗的理论，佛具有两种变化身，有时显现真实身（自性身），有时显现忿怒身（教令轮身）。真实身也就是我们平时都认识的标准形象的佛、菩

三百佛像集　启功敬题

妙音母　　　般若母　　　準提菩薩

《三百佛像集》

萨像，这些表情平静、四肢正常的造像，在图像学上也称为寂静尊。忿怒身的形象也就是那种牛头马面，表情激愤，多手多足的各类明王、金刚等，图像学上称为忿怒尊。

不过，这些忿怒形的佛像是护法神，不是恶鬼。这些都是佛菩萨变化成凶恶的模样来吓唬邪魔的，当然这邪魔除了指有意破坏佛法的魔鬼外，主要还指阻碍僧人修法的思想上的魔障，例如，佛教认为贪、嗔、痴等是人生一切苦恼的根源，而有些人就是摆脱不了这些苦恼的干扰，所以佛只能变化成这种怪模样来教化他，使他惊醒并教以咒语来令他修法。咒语也即明言，这就是所谓的明王。

例如，喇嘛庙的护法神殿里必然要有的大威德金刚，或叫大威德明王，他是牛头，祖上身，有许多只手和多条腿，脚下踏着各种人物和动物，头上

第三章 藏传佛教的各类佛像

双身持金刚

西藏的寺庙和佛像

大威德金刚

又有三层头，挂着骷髅项链，形象是够凶恶的了，可他并不是魔鬼，他就是人们平时尊敬的无量寿佛（长寿佛）变化而来的。

还有那表情愤怒，头发像狮子鬃毛一样竖立起来的马头金刚，也是圆睁着三只眼，六条胳膊，拿着各种兵器，可他就是大慈大悲、救苦救难的观音菩萨变化而来的。

就连祖师也有变化身，例如莲花生大师，本来是抱着骷髅杖，一手端着骷髅碗，一手拿着金刚杵，端坐在莲座上面的，可他又有八种变化身，也是个个呈现忿怒相。

以上这些都是简单举例，后面另有各尊的详细介绍。

再者，这些造像，又往往拥抱女伴，呈现双身形，也就是通常人们所说的欢喜佛，关于欢喜佛，我们将另加叙述。

以上这些虽然乍看起来显得既神秘又混乱，但我们看得多了，仍然能够摸到规律，特别是在藏传佛教寺庙里，一般仍是那些最常见的形象居多，这些形象绝大部分还是根据密宗经典而来的，形象、身色、手里的小标识也都是有根据的，不是想怎么画就怎么画的，看多了，便不难识别。

二、释迦牟尼佛

释迦牟尼的形象是不难识别的。他一般都被安置在佛堂正中莲座上，双手在胸前做说法形象，或者左手捧钵，右手指地，形象也可分成几大类。

按照佛经的说法，释迦佛形象的庄严完美达到了无以复加的程度，无论是身体各部的比例、颜色还是形状，都是完美无瑕的。这些优点可以归纳为"三十二相""八十种好"。

如《方广大庄严经》第三卷说三十二相,即有:第一,释迦佛头顶上有肉髻;第二,头发呈螺形向右旋,颜色是绀青色;第三,额头宽广平正;第四,两眉之间有白毫,晶莹如雪(白毫就是佛眉间的痣,是智慧的标志);……第十三,双颊像狮子一样丰满;……第十八,肤体柔软细腻呈紫磨金色;……第二十,双手下垂过膝部等。

而八十种好,例如手足指甲如赤铜色;手指圆润;嘴唇红润美好如苹果;脖颈圆满等。总之都是人间最美好的比喻。释迦像千百年来已经定型,历代各民族塑造时,虽然都有细部变化,但总的形象大致没变。

释迦牟尼一生的事迹从诞生、成道、创立佛教到进入涅槃共分为八个阶段,叫作"八相成道"。藏传佛教中的释迦传记比汉传佛教中的更加复杂而细腻,重要的事件有一百一十八种或一百二十五种,因此,表现在壁画和唐卡(帛画)上的画面就很多,但在一般情况下,用"八相"大体都能概括:

(1)下生

释迦乘着六牙白象从兜率天宫下降。按佛经说法,释迦牟尼已经转生了五百五十多次,他曾转生为国王、太子、樵夫和各阶层人物,甚至是梅花鹿、猴王、兔王等多种动物。在每次转生中他都舍己为人,做了无数好事,这些都称为"本生故事"。这其中有大家都熟悉的"舍身饲虎""割肉贸鸽"的事迹。

释迦牟尼最后一次转生人间的这段属于成佛中的经历,称为"佛传"故事。在这幅释迦佛诞生唐卡的右上角,释迦由仙人簇拥着,前有六牙白象,在祥云缭绕中由兜率天宫飘然而下。

(2)入胎

释迦牟尼的母亲净饭王皇后摩耶夫人睡梦中,释迦太子乘象从摩耶夫人右肋入胎。

(3)住胎

在母胎中行住坐卧,一天六次为诸天说法。第一、二相在美术作品中可以看到,但第三相画面则较少见。

释迦诞生图

（4）出胎

摩耶夫人在孕期满时，按照印度的习俗，回娘家分娩，但走到半路的兰毗尼园一棵无忧树下，释迦太子即从母亲的右腋下诞生了。

《释迦诞生图》（见P87）上，摩耶夫人右手扶树枝，下有仙女接护释迦。画面左下方，即释迦出生后，有难陀龙王兄弟从天上吐水为他沐浴，释迦上下前后左右走七步，指天说道："天上地下，唯我独尊。"在他走过的地方，每一步都生出了莲花，又叫"步步生莲"。左下角披发长髯的老者在合掌致敬，他就是雪山（喜马拉雅山）的苦行僧，圣者阿私陀。他预言那初生的婴儿，若出家则能成佛，如果在家就会成为转轮圣王，并用他的慧眼指出释迦太子身上的种种灵异现象。例如他两眉间的白毫，那是智慧和光明的象征，还有顶上的肉髻等。

（5）出家

释迦在二十九岁时，本应是依仙人预言继承净饭王王位的，他却因看到人间的生老病死及各种丑恶，内心矛盾无法解脱而出家了。在《释迦的宫廷生活》这幅画（见P89）中部，是主人公净饭王太子。只见他懒散地倚靠在王宫的宝座上，尽管无数后宫粉黛竭尽声色以图取得他的欢心，他却总是郁郁不乐。

楼上那睡态丑陋的宫女，是释迦太子在夜间发现的，原来白天那些姿态美好的少女，夜间睡觉竟是"纵横各倒卧，悉现诸丑秽，狼藉犹残尸"，于是，不论人间什么最美好的事物，他都觉得非常丑恶（这种观察宇宙的方法，佛学上称为"不净观"，唐代佛教史上就曾发生过僧人修不净观过了头，导致多名僧人自杀的事）。

《释迦的宫廷生活》中，画面左下角为释迦调伏大象和提婆达多（释迦的叔伯弟）比赛射箭，右侧为太子游四门，看到人间生老病死的种种痛苦，决心出家等情节。图的右上角释迦骑着白马偷逾城禁出家了，四大天王簇拥着他，在祥云缭绕之中为他捧着马足。

释迦的宫廷生活　　　　　　　　　　　　　剃发出家

《剃发出家》(见P89)这幅画中,释迦来到城外山林,告别了马夫和心爱的白马犍陟,用利剑(西藏画面中是钺刀)割断头发,有仙人把头发送还天宫。左侧表现他出家后寻仙访道,和隐士阿私陀住在一起,并做了他的弟子,后又离去。左下角表现他来到摩揭陀国受到国王和臣民的尊敬供养。右上部表现他在菩提树下专心禅定修法,受到外道的种种骚扰,却不为所动。右下角是他在尼连禅河畔苦行六年,身体已极度衰弱,这时牧牛女善生向他献乳糜(奶制品),释迦牟尼在尼连禅河洗浴,恢复了精力,认识到光靠苦行不能达到解脱,但对此弟子们却不能理解,背离他而去了。

(6)成道

释迦经过六年苦行在菩提树下成道,见《降魔得道》一图(P90)。魔王

降魔成道

释迦成道像

波旬恐怕他得道后，自己的魔力被破坏，于是变化为一群魔军用各种兵器、毒焰射向他。但火焰不能接近释迦，只能在他周围形成一道光环。右下角三个丑陋的裸体老妪是魔王的三个女儿，受魔王指使企图以色相迷惑释迦，但释迦牟尼用法力使这些裸体美女变成了老太婆。于是，释迦牟尼召地神来作证，降服了魔鬼，图中的释迦像即我们常见的释迦成道相。

释迦佛结跏趺坐（俗称盘腿打坐）在莲座上，左手垂放在左脚上或者手捧钵盂，右手垂直指地，叫作"降魔指地印"或"触地印"，表明释迦在成佛前，

释迦佛成道像

经过无数磨难,降服了破坏修法的恶魔,终于得道,这些只有大地之神才能作证。因为这段经历是降魔得道,所以这种形象称为"降魔成道相"。

(7)转法轮

双手在胸前,拇指和食指扣成环形,这种手印也称为"说法印",表明释迦在鹿野苑首次说法。释迦牟尼成道后说法传道五十年,普度众生,受到人天的供养。

（8）入灭（涅槃）

释迦牟尼八十岁时在拘尸那罗的娑罗双树下涅槃（亦称圆寂，即进入永无轮回的最高境界）。弟子们、天人们和他的母亲以及姨母都从天而降，来到棺前举哀。这种卧相称为涅槃相。

1. 释迦牟尼佛旃檀像

站立形的释迦像，据说是释迦牟尼佛上天为母说法三月不归，憍赏弥国优填王因思念释迦佛而生病，于是派神通工匠上天，以牛头旃檀木造释迦牟尼的等身真容像而返。这个典故广泛流行于印度以及我国的中西部，其影响极其深远。旃檀佛深受各族信者尊崇，用这个典故所造佛像和绘画数量亦较多。

藏传佛教对旃檀佛像也极为尊崇，在蔡巴·贡噶多吉的《红史》（成书于1346年）注中云："此像是天竺优填王用旃檀木雕刻的佛三十岁身量的像。"又索南坚赞《西藏王统记》（成书于1388年）记有：

> 佛寿三十岁时，现证圆满正觉，旋往兜率天宫为母说法，斯时优填王以旃檀木造成佛像，世尊从天下降，复为此旃檀佛像开光上供。

但不是所有的站立佛像都可以称为旃檀像，旃檀像的特点是保留了很浓

释迦涅槃图

第三章 藏传佛教的各类佛像

旃檀佛像（北宋时代造，现藏日本京都清凉寺）

西藏的金铜旃檀像

重的公元四五世纪印度笈多王朝秣菟罗地区雕像的特点，无领通肩式的袈裟，袈裟像湿了一样紧贴在身上，衣纹在胸前像半个同心圆一样层层密集。右手在胸前作"施无畏印"，左手下垂，掌心向外，称"与愿印"。

据说这尊像的图样经过西域、凉州、长安而传到了江南，宋朝时又传到了汴京（开封），金朝时又流传到了燕京（北京）圣安寺，元世祖至元十二年（1275）又供奉于万寿山仁智殿，十四年时又移至大圣寿万安寺，皇室特建瑞祥殿供奉。元朝程钜夫写有《旃檀瑞像记》记述这尊佛像的来历。清康熙时，旃檀佛由北京西城鹫峰寺（复兴门外卧佛寺街）移供于西安门内弘仁寺喇嘛庙，后改名旃檀寺。北京雍和宫的照佛楼内供奉着一尊高七尺的旃檀佛像，这尊旃檀像是乾隆帝命养心殿的工人仿照弘仁寺的佛像雕凿而成的。

被公认为旃檀佛的标准像现供奉于日本清凉寺。此像系日本旅华僧奝然在归国前于浙江.台州（今浙江临海）请木工张延皎兄弟雕刻的，图像即程钜夫所记在汴京流传的佛像系统。20世纪50年代在佛腹内发现有北宋雍熙二年（985）题记的数十件装藏物，是确切无疑的程记檀像的摹刻像。

旃檀像深受藏传佛教的尊奉，所以也用此典故也制作了许多铜鎏金的旃檀佛像。

西藏的木刻旃檀像

2. 太子像

藏传佛教寺庙中还经常供奉释迦牟尼没成佛前身为太子的形象。这种单独供奉的情况，汉传佛教寺庙是极少见的，这也是藏传佛像的特点之一。

因为释迦还没有成佛，那么形象上只能是菩萨装束。一般是头戴宝冠，身上穿着花缎的袍服，或者是头上梳着高高的发髻，上身袒露，佩戴着各种精美的项饰、璎珞、臂钏、手镯等。手和脚的摆放也较自如。不一定非要像佛那样庄重地结跏趺坐，可以轻松地盘放，称为"舒坐"，也可以是站立形的。

太子的形象据说是十六岁或二十八九岁时的。为什么是这个年龄？按照

西藏的寺庙和佛像

大昭寺十二岁释迦像

《释迦谱》的记载,释迦在三十岁得道前,有不少事迹,如学经、访道以及和各种外道较试武艺等,有不少唐卡和壁画画的都是这类内容。

在拉萨大昭寺有座觉阿殿,内中供奉着一尊金身的"觉阿"佛(藏语,意思即佛),是释迦十二岁时的等身像。这尊像头戴天冠,面目圆润美好,传为唐朝文成公主进藏时带来的。

传说唐贞观十五年(641)文成公主被迎娶到吐蕃时,各种物品都用骡马

大昭寺内的松赞干布像

驮载进藏，唯有这尊觉阿像，唐太宗命专门造车运载，并派两名大力士挽车。当公主一行至拉萨北门时，车陷沙中，力士怎么也拉不出来，于是就在此地，围绕觉阿像，建立四柱，悬白锦帐供养。后来就在此地修建小昭寺，之后又将觉阿像移到大昭寺。这尊像据说原来是印度造的，南北朝时输入中国，后供奉于西藏。但从造像风格看，实际上仍带有浓重的唐代中原汉式雕像色彩，并不像印度风格的造像。

大昭寺内的文成公主像　　　　　　大昭寺内的尼泊尔赤尊公主像

　　尼泊尔的赤尊公主也带了一尊八岁释迦像入藏，藏语称为"米决多杰"，意思是"不动摇"，也即不动佛。后来将其供奉在小昭寺内。而这两尊释迦像就被西藏信众统称为"觉夏囊秋"，意思是西藏的释迦牟尼。

三、寺庙中常见的各类佛像

1. 三世佛——燃灯佛、释迦佛、弥勒佛

　　藏传佛教寺庙中的显宗佛殿供奉的各尊佛大致和内地寺庙一样，一般常见的是三佛并坐或五佛并坐，也有七佛并坐的。

　　五佛和七佛并坐的，佛名大体好确定。主要是三佛并坐时，佛名往往不

一样，每个寺庙不尽相同，除了中间一尊是释迦牟尼佛无论到哪里都是一样的以外，两旁两尊佛的佛名就常不一样，这是怎么一回事呢？下面就分别叙述一下。

藏传佛教寺庙中三佛并坐的造像有两种：一种是三世佛，专门供奉的殿宇称为三佛殿。三佛是释迦牟尼佛居中，燃灯佛居左，弥勒佛居右。三尊佛的造型完全一样，只是手势微有变化。

这里以三佛表现三世，即过去佛燃灯佛，现在佛释迦牟尼佛，未来佛弥勒佛。

佛经上说，释迦佛成佛之前，燃灯佛已经成佛了，燃灯佛也译为锭光佛，据说他出生时一切光明如灯。释迦牟尼的前世还是个小孩子的时候，曾经买了五枝莲花（一说七枝）供献给他，并将头发布于泥泞的地面，以便燃灯佛踩过，这就是有名的"孺童布发"的故事。燃灯佛预言这个小孩子将来可以成佛，于是燃灯佛成为过去佛。

但这是通常汉地佛寺的说法，在藏传佛教寺庙内的过去佛往往指迦叶（"叶"，读音 shè）佛，按佛经说，释迦成佛前已有七个佛先成了佛，迦叶排行第六位，译为"饮光"，据说他也是释迦的师父，曾经预言释迦将来能成佛。需要说明的是这迦叶是过去佛，不能和释迦两大弟子之一的迦叶波弄混了。

雍和宫正殿有三佛并坐，但左边那尊佛仍被称为"燃灯佛"，他的双手做转法轮印，衣着面相仍和释迦佛一样，如不是三尊排列，单独看一尊，确定佛名就有些困难了。

至于未来佛弥勒佛，是在释迦佛寂灭五十六亿七千万年后才从兜率天宫中下降人世，所以称为未来佛，他的形象变化就更多了。

从雍和宫这三世佛来说，外形看不出太多变化，只是他们的手印略有不同，释迦佛居中，右手做指地降魔印，左手做捧钵状，未来佛弥勒佛双手做说法印，过去佛燃灯佛双手做转法轮印。

以上三世佛的排列形式是从成佛的先后时间顺序上说的，所以也称为竖三世佛。

2. 三方佛——药师佛、释迦佛、阿弥陀佛

除了按成佛时间先后排列的三世佛外，还有一种三佛并坐，是从三尊佛所处的三个空间位置说的，是横向排列的，所以也称为横三世佛或三方佛。

这三尊佛中央是婆娑世界的教主，同样仍是释迦牟尼。左边是东方药师琉璃光如来，简称药师佛；右边是西方极乐世界的首尊阿弥陀佛。为了便于和竖三世佛区别，一般称为三方佛。

药师佛又称为大医王佛，据《药师经》说，他曾发十二大愿，为众生医治病苦，消灾延寿，所以在藏传佛教寺院的医学殿内也常供奉此像。他的形象也比较容易识别，左手捧药钵，右手食指和拇指捏一颗两头尖似枣形的药丸，其他身像和释迦佛一样，也只有凭手上这点小道具的变化才能分辨彼此。

但有一点要注意的是：药师佛和释迦佛、阿弥陀佛并列制成雕像时，一律都制成金色身相、绀青色肉髻。药师佛的壁画和唐卡，用图画表现比较容易识别，仍为如来形，但身色一般按佛经要求为青蓝色，左手中的药钵内还长有几片吉祥花叶，右手掌向外，拇指和食指拈一枝吉祥药草。

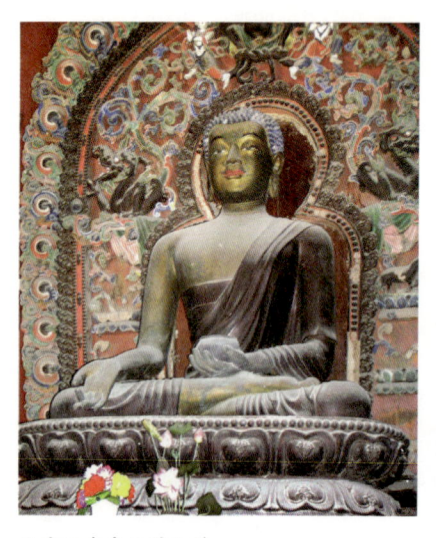

北京万寿寺的药师佛　　　　　　北京万寿寺的阿弥陀佛

阿弥陀佛是梵文"阿弥陀婆佛陀"和"阿弥陀庚斯佛陀"的音译略称，意思是"无量寿"和"无量光"。据佛经说，他过去作为菩萨时，名叫法藏，曾发了四十八愿，长期修行成为佛的，是主持西方极乐世界的教主。

他的形象也比较容易识别：双手在跌坐的双膝上平行叠放，即禅定印，有时双手捧一个钵或宝瓶。

阿弥陀佛受到欢迎，主要应归功于佛经中对西方净土的描述。据《阿弥陀经》说，西方极乐世界是琼楼玉宇，莲池中宝莲盛开，到处是奇花异卉，鸟语花香。人死后灵魂往生到那里，有仙人歌舞奏乐，衣食供养，如此仙境，确实令信徒神往。

3. 接引佛

汉地寺庙中还常有接引佛，表现阿弥陀佛亲自迎接死者灵魂的形象。阿弥陀佛左手托金莲台，那是众生往生极乐世界后的座位。莲台又根据人生前的修行程度分为九级，称九品莲台。佛的右手向前下方伸出，接待死者的灵魂上西天。

4. 长寿佛

阿弥陀佛的梵文原意是"无量光"和"无量寿"这两种意思，具有空间和时间两种性质，本来都是阿弥陀佛一身所兼具的，但藏传佛教却将这两种含义分别当作两尊佛供奉，又是和汉地寺庙不同之处。

藏语称无量光佛为"鄂潘麦"，称无量寿佛为"瑟巴麦"，又把无量光佛作为五禅定佛之一。藏传佛教认为无量光佛是原生的，无量寿

明代的接引佛

长寿佛像

佛是他的化身。这两尊佛在喇嘛庙里是不能混淆的。在寺庙里无量寿佛的壁画、唐卡画像可以说触目皆是，特别是在供奉祖师舍利塔的灵堂里，阿弥陀佛即长寿佛是不能缺的。相比之下，无量光佛的形象所见不多。

长寿佛的形象也很好认，其装束往往是菩萨装，并且还有些文静的女性特征。他头上戴着天冠，梳着高髻，上身袒露，呈现橘红或土红色，身上有璎珞、项圈等饰物。最典型的特征仍然是双手做禅定印，即双手上下

长寿佛像

叠放在屈盘的双腿上,手中捧一个宝瓶,有的瓶口生长着一朵吉祥花卉。头微低,表情静穆高洁,体态匀称,有点儿像一位端庄的女性,以示为幸福长寿之神。

无量光佛的造型和无量寿佛基本一样。无量光佛也是双手禅定印,手中捧一佛钵,与无量寿佛捧宝瓶略有区别。

5. 弥勒佛（Maitreya）

弥勒佛的形象最为多样，也是使到藏传佛教寺庙参观的游客产生疑问最多的佛像。

有的寺庙例如雍和宫，一进山门，迎面就能看到那袒胸露乳、笑口常开，人们俗称"大肚弥勒佛"的佛像，实际上应称为布袋和尚（后述）。

佛殿内又有现在佛释迦佛、过去佛燃灯佛、未来佛弥勒佛。

配殿中又有八大菩萨，每尊外表几乎都一样，其中也有一尊站立的菩萨装弥勒像。

在雍和宫最后一进万福阁，又矗立着一尊高达十八米的巨型木雕天冠弥勒站像。光是雍和宫就有四种弥勒，但造型和组合却各不相同。

弥勒藏语读"强巴"，蒙古语读"迈达拉"，汉语译为慈氏，慈氏菩萨。他是释迦佛预言的未来佛，要在释迦寂灭后经过天上四千岁（相当于人间的五十六亿七千万年）之后才能下生人间，在华林园龙华树下成佛，弘扬佛法。目前还正在兜率天宫（兜率天，藏语称"甘丹"）中待命。弥勒像虽然各具姿态，形象各异，但大致可以归纳为两大类，即佛装弥勒像和菩萨装弥勒像。

6. 佛装弥勒像

弥勒佛的造像在我国最早可以追溯到四世纪的十六国时代和北魏早期，例如敦煌、云冈都有大型石雕或泥塑弥勒像。这些弥

佛装的倚坐弥勒佛

勒像有的是双腿下垂的坐姿，称为倚坐，一般是身着大衣的佛陀装束。西藏佛像也有这种形式。

当三佛并坐时，弥勒的形象和释迦佛一样，也是绀青色的螺发和肉髻，金黄色的身相，身穿袒露右肩膀的袈裟，或者是无领通肩式的袈裟，结跏趺坐在莲花座上。雍和宫的三世佛中的弥勒佛即是这样，双手做说法印。

7.菩萨装弥勒像

即弥勒的装束是按菩萨来表现的，菩萨是释迦没有成佛之前的称呼，另外，天国里低于释迦一级的神也称为菩萨，如观音菩萨、文殊菩萨等。

菩萨装的倚坐弥勒佛

菩萨一级的装束或头戴花蔓冠，或束发，但没有螺发肉髻。一般上身袒露，下穿裙，肩搭帔帛，身饰各种饰物。如敦煌、云冈石窟的雕像，大多是头戴天冠，上身袒露，双腿交叉，称为交脚弥勒，在北魏的石窟中多可见到。

这是因为造像中要体现弥勒目前在天宫中的身份仍然是菩萨（等正觉菩萨），是候补佛或者说是准级佛，还不能和释迦佛同等对待。

如此，对于藏传佛教寺院中的弥勒也就可以明白了，即除了三佛并坐的未来佛弥勒外，还有菩萨装的弥勒，姿态有站立形、双腿下垂的倚坐形或交脚形。

藏传佛教寺庙对弥勒较内地寺庙更为偏爱。因此，除了八大菩萨站像中有弥勒一席之地外，总还要有一两尊高大的弥勒作为佛殿的主尊单独供奉，一般都是巨型佛像，高数米乃至数十米，这时的弥勒像都是菩萨形，不是站立就是双腿垂坐，没有和释迦佛装束一样的弥勒。

西藏扎什伦布寺的强巴佛（弥勒佛）殿，内中供奉着一尊高达三十米的镀金弥勒佛，为了便于瞻拜这尊佛像，围绕其修了五层殿宇，这样才能看清身体各部的细节。在高大的弥勒脚下向上仰视其头部，从佛殿天井正面射来一束微弱的光线正照在佛像脸部，真给人一种弥勒身处兜率天宫的莫测高深之感。

内蒙古包头五当召却依拉独宫内即供有一尊铜铸天冠弥勒，高达十米，上身袒露，身上挂满了璎珞、项圈及臂钏、手镯等，双手做说法印，双腿垂地呈倚坐形，也是坐在天宫宝座上的形象。

雍和宫的十八米高的大站像，据说是用一根完整的白檀木雕刻而成的。

弥勒佛在藏传佛教地区受到极高的宠遇，每年有一个重要的法会——甘珠尔法会，就是专为弥勒佛召开的。

按照《观弥勒菩萨下生经》说，五十六亿七千万年后，弥勒要下生在鸡头城的一棵龙华树下。鸡头城的土地丰熟，人民生活富足，那里的人寿八万四千岁，女人要到五百岁才出嫁。城中有龙名叫水光，每夜要下温柔细软的香泽。又有一罗刹鬼名叫叶华，每到夜深人静时，就来打扫秽恶不净之

包头五当召的弥勒菩萨

物，并用香汁浇洒街道。那国中的男女百姓，如果想大小便时，大地就会自然裂开一道缝，事毕又会自动复合。因此之故，历代信众都盼望着弥勒佛早些出世，能过上像鸡头城人民一样的好日子。

可是，现实生活太黑暗了，弥勒世界固然好，可五十六亿七千万年实在太过漫长。为了盼望弥勒早些出世，从南北朝时人们就开始在石窟中大造弥勒像，一直到宋、元、明、清时期，弥勒像始终在不断制造。历史上还有许多次农民起义是打着弥勒下世的幌子，号召人民起来反抗黑暗的统治。

8. 七佛

在藏传佛教寺院的塑像、壁画中有时还能看到七佛并坐的情况，这种例子早在北朝时就已出现了，比较常见的例子如云冈石窟第十三窟南壁中层就有七佛并行站立的雕像，他们的双手都做施无畏、与愿印，装束形象也全都一样。

佛经上说，在释迦成佛之前已有六尊佛，他们是毗婆尸佛、尸弃佛、毗舍浮佛、俱留孙佛、俱那含牟尼佛、迦叶佛，然后才是释迦。根据这个理论，藏传佛教寺庙中也可以看到七佛的情形。

上文说过三世佛，那过去佛就是迦叶佛，排在第六位，也可用迦叶佛一尊代表过去佛。

此外，佛经中又有所谓药师七佛，是以药师佛为主体的七尊佛，各自都发弘愿，有大功德，佛名很繁杂，有《药师琉璃光七佛本愿功德经》，造像也偶然可见。

9. 五方佛

藏传佛教寺庙中还有五佛并坐，或者中间一尊佛较大，四周有四佛围坐的造像，在曼荼罗图案中也常有这五佛组成的画面。

五佛代表五智，又称为五智如来，这是因为藏传佛教密宗的理论认为，修行者仅仅依靠念诵真言（咒语）和观想曼荼罗仍然不能达到即身成佛的境界，还要有五禅那佛的五种智慧才能成佛。这五智只有大日如来（也叫毗卢遮那佛，佛经又说它是释迦牟尼佛的法身佛）才具有，为了教化众生，他变化为五佛。

五佛中央是毗卢遮那佛，代表法界体性智；东方阿閦佛代表大圆镜智，又叫金刚智；南方宝生佛代表具足平等性智，也叫莲花智或转法轮智；北方是不空成就佛，代表成所作智，也叫羯摩智；西方阿弥陀佛代表妙观察智。

这五佛一般是如来形的，按佛经《大藏秘要》形容毗卢佛是"色如白鹅，形如净月，一切相好悉皆圆满"。作为立体雕像时，他们的形象特别是身体颜色是难以区别的，但在绘制成曼荼罗时，他们的身色等就容易表示出来，下表分别列出这五佛的身色、手印：

佛名	色相	方位	坐骑	标识
毗卢遮那佛	身色白　智拳印	中	狮子	金轮
阿閦佛	身色青　触地印	东	象	金刚杵
阿弥陀佛	身色红　禅定印	西	孔雀	红莲花
宝生佛	身色金　与愿印	南	马	摩尼珠
不空成就佛	身色绿　施无畏印	北	金翅鸟	五色交杵

五方佛的主尊毗卢遮那佛（大日如来）

以上简表依据蒙古族的佛学家工布查布所译著的《造像量度经》和另一部《大藏秘要》而来，也有部分书上记载与此略有出入。

在汉族寺庙中也可以看到五佛团坐的塑像，供奉以毗卢遮那佛为主的五佛殿也称为毗卢殿。例如著名的河北正定隆兴寺毗卢殿内即有一组铜铸的五方佛，是明朝万历年间（1573—1620）的作品，高七八米。这组造像形制比较特殊，它共分为三层，每层的底座都呈圆鼓形，鼓身上铸满了层层小千佛，千佛座上是五佛团坐，最上一层中部是毗卢佛，俗称"千佛绕毗卢"，是根据密宗教理而来的造型。

在北京著名的古刹法源寺毗卢殿内也供奉有一组明代铸造的毗卢佛，四方佛环绕主佛毗卢佛而坐，下有千佛座，造型精美。

10. 三十五佛

藏传佛教寺庙的大经堂是僧人集体诵经和作法会的场所，在大经堂的左右墙壁上多数绘有释迦牟尼一生的佛教故事画，也称为佛传故事画；或者画有以释迦佛为中心的三十五佛，三十五尊佛像一排排上下排列着。

这些佛像都是如来形像，高肉髻、斜披着袈裟，手中的小持物也不完全一样，身色是红、蓝、白、黄等，各不相同。

按照佛经《佛说决定毗尼经》的说法，犯了罪要坠入地狱，必须要向三十五佛忏悔方能豁免。

三十五佛

这三十五佛仍然是以释迦佛为首,还有金刚不动佛、宝光佛、龙尊王佛、精进军佛等。

据日本的西藏佛教学者逸见梅荣在20世纪40年代调查,在承德的普陀宗乘之庙内当年有与真人大小不相上下的三十五佛,实存三十尊,均为铜铸,非常精美,近年情况已不知怎样了。

11. 龙尊王佛(Nāgarāja Budda)

这尊佛也是结跏趺坐的如来形,脑后盘结着七条大蛇。佛经上全称为"龙种上尊王佛",又叫他"龙种上尊如来",是文殊菩萨的法身(化身)。佛经上说,文殊菩萨虽然是帮助释迦教化众生的胁侍菩萨,但实际上他三世都得了果位的,那过去世就是龙种上佛,也叫龙种上尊如来,他的寿命有四百四十万岁,度尽了天人,自己才涅槃的。现在世称为欢喜藏摩尼宝精佛,未来世叫普见佛(《首楞严三昧经》)。

龙尊王佛

12. 金刚萨埵（Vajrasattva）

佛经上说这尊佛是本初佛，也就是佛之前最原始的佛，又说大日如来是第一祖，他是第二祖，又叫他金刚手。《仁王经》中又说他是普贤菩萨，手里拿着金刚杵。可我们平时所见汉传显宗寺庙的普贤菩萨是个骑象的文弱菩萨，和文殊一起作为释迦佛的左右胁侍，怎么又成为佛的原生佛了呢？

这里因涉及显宗教理和密宗教理的不同，义理复杂，也不必深究。从造像上看，金刚萨埵较好识别，他也是菩萨形，头上梳着高髻，戴着宝冠，耳旁飘逸的垂发散在肩上，在莲花座上结跏趺坐。他的最典型特征，还是那手里的法器，右手上扬，持着金刚杵，左手较低，拿着一个金刚铃。

金刚萨埵还有男女拥抱形的，称为双身金刚萨埵。

金刚萨埵

13. 大持金刚（Vajradhara）

这尊佛也叫本初佛，和上面那尊佛也不能说没关系，不过他是噶举派崇奉的本初佛，藏语称为"多杰羌"，"羌"的意思是"持"，"多杰"的意思是"金刚"，也就是持金刚的意思。

藏传佛教密宗认为，这尊佛是释迦佛讲说密法时所呈现的形象，是释迦佛的秘密化身，所以又叫秘密主，佛教中的佛和菩萨可以随意变化，圆通无碍。

他的形象也很好识别，和金刚萨埵大同小异，手中也是一铃一杵，所不同的是他的双手在胸前交叉，身色一般是青金色。铃、杵表示金刚部的菩萨摧毁魔敌时的智慧和法力，大持金刚也有双身的，拥抱着明妃"孙那利"菩萨。

大持金刚

还有一种是三头六臂的大持金刚菩萨，属于曼荼罗中的一员，北京故宫宝相楼内和承德外八庙内当年都有数百尊一组的各类佛像，按修行品第而组成，寺门建佛楼供奉，称为六品佛楼。

三头六臂的大持金刚

14. 金刚手（Vajrapāṇi）

在藏传佛教尤其是蒙古地区的一些寺庙中，还有一尊叫"金刚手"的护法神，和上述的大持金刚形象不太一样，他是站立形的，头发像愤怒的狮子头上倒竖的鬃毛，张着大嘴，表情凶恶，右手高举着金刚杵，左手托着铃，脖子上挂着一串人头项链，腰系虎皮裙，赤脚站在莲座上。这尊佛往往供奉在

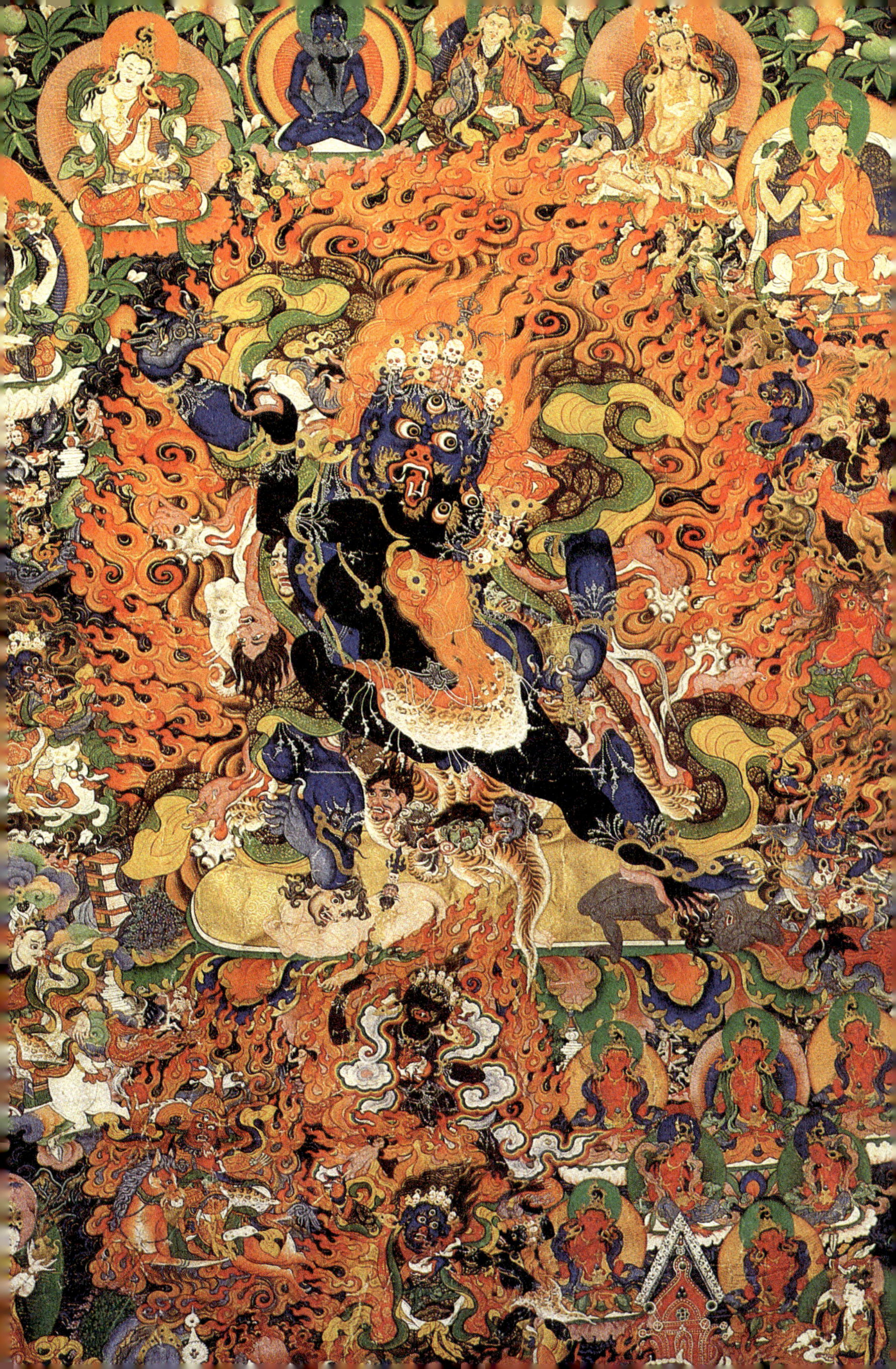

金刚手　　　　　　　　　　金刚手菩萨

大雄殿内左右两侧很醒目的位置上。在杭州飞来峰元代石窟也有他的造像。蒙古语把这尊金刚叫作"恰格德勒"，意思仍然是金刚手。忿怒相的金刚手也有双身的。

此外还有寂静相的金刚手，菩萨装，表情和悦，也是右手高举金刚杵。

15. 法身普贤（Samantabhadra）

前面已经把金刚萨埵说成是普贤化身，可这里又出来了一尊法身普贤，他名字的意思是佛法普及一切地方谓之"普"，妙善谓之"贤"，也就是说这个菩萨具有为大众所望的贤德，又叫普贤王佛。作为图像看还是较好识别的。按《金刚顶经》的说法，法身普贤和大持金刚以及金刚萨埵都是异名而同体。

这尊佛藏语名"曲古滚都桑波",是宁玛派所尊奉的本初佛,被认为是诸佛的本源。他也是如来相的,但不穿袈裟,全身是青色,裸体,多数还是双身的,拥抱着一位白色的明妃,在壁画和唐卡上见到较多。

16. 观音菩萨（Avalokiteśvara）

菩萨本来是释迦牟尼没有成佛前的称呼,后来人们将凡是修法觉悟了的人都称为菩萨,意思是"觉有情"。

在天国里又有许多低于释迦一级的神祇,也称为菩萨。他们各有分工,做着既利自己又利众生的工作,最有名的如观音菩萨、文殊菩萨、地藏菩萨等。

在藏传佛教里菩萨的数量很多,形象也多变,有许多天国里的化身,同时佛教还宣称人世间的一些帝王、贵族和大喇嘛也是菩萨变化来的。例如藏传佛教里说达赖喇嘛是观音菩萨的化身,班禅是无量光佛的化身,宗喀巴大师和乾隆皇帝是文殊菩萨的化身等。

法身普贤像

法身普贤菩萨

观音菩萨在汉传佛教寺庙里很常见，北朝的石窟里就有其形象。观音原被称为观世音，唐代时因为"世"字和唐太宗李世民的"世"字相同，犯了忌讳，所以就把"世"字去掉了，一般称为观音。

观音到底是男还是女，这也是个老问题了。由于他的大慈大悲，人们往往把这种济世慈人的菩萨同温柔的女性联系起来，因此唐宋时的观音就有女性的倾向，但此时期有的观音还残留着印度犍陀罗佛像的遗风，多画有两笔蝌蚪形的小胡须。

观音菩萨

骑犼观音　　　　　　　　　　自在观音

　　按佛经说，观音有三十二种变化，可根据供拜者根器（本质）的不同而有不同的应化，所以明清时的观音干脆都处理成女性，如水月观音、白衣观音、自在观音、媚态观音等，有的如衣带飘扬的天女，也有的如头戴风兜、身裹素披风的尘世少妇。其体态生动姣好，表情柔媚娴静，真可以和欧洲的圣母相媲美。

　　观音的形象也较好识别，一只手拿净水瓶，另一只手拿枝莲花或杨柳枝，那瓶中的甘露是普惠人间的圣水。在与净瓶对称的位置还总有一只鸽雀之类的鸟，应是象征着观音行在的南海普陀山的紫竹林。他还有一个较明显的特征，就是头戴的花蔓宝冠正中有一尊双手在膝上做定印的阿弥陀佛像。在《观无量寿经》和《观世音菩萨授记经》中认为，观音菩萨是阿弥陀佛入灭以后继承他成佛的，所以，又把阿弥陀佛、观音、势至称为"西方三圣"。

藏传佛教中对观音的崇拜也非常虔诚，观音的化身也特别多，信徒们每时每刻念诵的六字真言（后述）就是赞颂观音的，每年还有一个隆重的嘛呢法会也是为观音举办的。

17. 双身观音

藏语称为坚热西。例如拉萨大昭寺藏的那幅双身观音像，他一头、二臂、三眼，左手拿一朵莲花。明妃身体为橘红色，左手搂着他的脖子，右手高举着嘎巴拉鼓（骷髅鼓），这种西藏密宗的双身观音，汉传佛教寺庙中见不到。

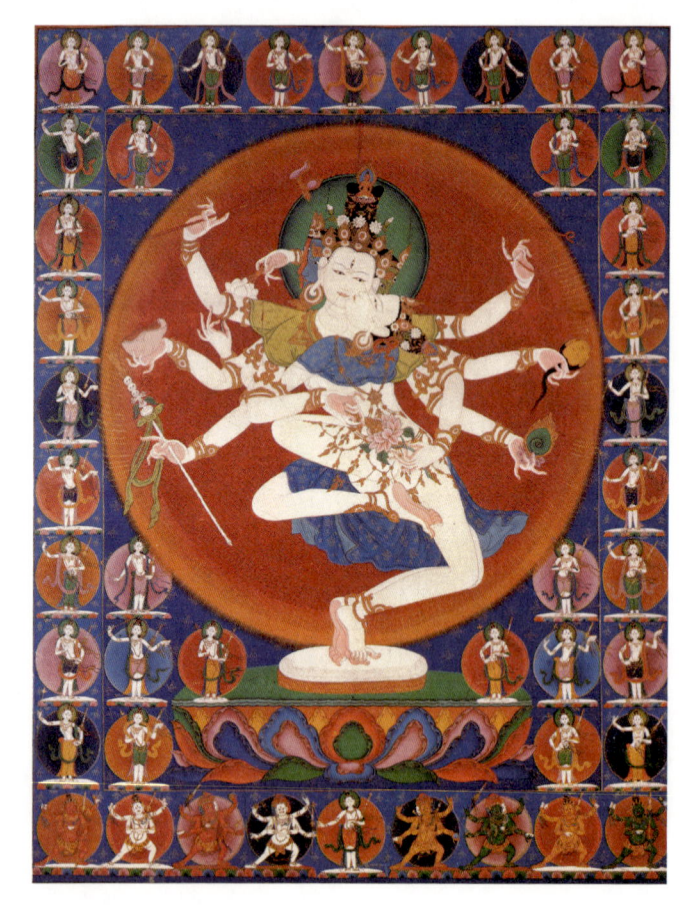

双身观音

18. 四臂观音

常见的四臂观音分为寂静相和忿怒相两种。

寂静相的表情平静，造型优美。他一头四臂，主臂两手做合掌印，另外两手右手持念珠，左手持莲花，结跏趺坐在莲花座上，身色是白的。

忿怒相的观音藏语叫"奇木格"，意思是"法生"，他有四个脑袋，下面三个，上面一个。最上面的脑袋是灰色，下面三个脑袋左边的是红色，中间的和身色一样是蓝色，右边的是白色。四只手各持钺刀、头骨碗、水瓶以及刀、枪等，腰里围着虎皮裙，挂着五个人头和人骨念珠，脚踏在仰面男体像上，象征着镇压邪魔，背景是熊熊的火焰。

寂静相的四臂观音

19. 骑犼观音

这是表现观音菩萨骑在一只白狮子身上的形象。观音也是菩萨装束,头戴花蔓冠,蓝色的垂发披在肩上,上身袒露,衣带飘扬;腿的姿势非常舒展自如,不是正襟危坐盘着双腿,而是一腿屈盘,一腿跷起,像是休息的姿势,这种坐姿称为"舒坐"。

那头白色的狮子,绿色的鬃毛竖立,头后扭,张口怒视。

骑犼观音最容易和文殊菩萨弄混,因为文殊菩萨的标准坐骑也是狮子。然而文殊形象虽然很多,但他不论怎样变化,右肩或右手总少不了一柄利剑,这是他典型的标识。

骑犼观音

骑犼观音，犼是龙生九子之一。大概是怕和文殊骑的狮子弄混了，为了有所区别，有时就在狮子脑门上多造一只独角，算作是犼。

20. 千手千眼观音

佛经上说观音有六种，即马头观音、千手观音、圣观音、十一面观音、准提观音、如意轮观音，合称六观音。

十一面观音的十一种面相，分为五层，第一层的脸有三面，主尊是面容和蔼的慈悲相，白色；右边脸是蓝色，左边脸是红色。第二层也有三面，主尊是悲哀相，黄白色；右边脸是明黄色，左边脸是红黄色。第三层主尊是微

八臂十一面观音

西藏的寺庙和佛像

十一面千手观音

笑相，红白色；右边脸是绿色，左边脸是紫色。以上三层脸右边的都是颦眉微怒相，左边的脸都是喜悦相。第四层是单面，为明王相，头发是青色的，在他头上又有一阿弥陀佛像（称为顶严），红色或金色，这就是阿弥陀佛的化身，为观音的本来面目。

那他为什么有十一个头呢？按照《造像量度经》说，罗刹鬼有十个脑袋，非常狂妄自大，观音为了降伏他，变成十一个头，将他降伏了。

有的观音像的主臂有八条，中间两手做合十形，其他各手或做说法印或做与愿印，按佛经说这是他的法身。

还有一种是主臂有四十条的，称为报身。加上本身两手，就成了四十二只手。仔细看，他的每只手掌中还长着一只眼呢，这是怎么回事呢？

千手观音又叫大悲观音，据说他看到人间的痛苦，发誓要度尽世间众生，可是茫茫世界，芸芸众生，一时照应不过来，于是他把身体化为四十二段，每段又变化成一尊观音，可还是难以应付普度众生的誓愿。这时候阿弥陀佛（前面说过，阿弥陀佛入灭后观音才继之成佛的。所以他是观音的师父，也有佛经说观音是阿弥陀佛变化来的）教训观音说，你何必残害自己的身体去做这种傻事呢？于是他用法力把这四十二段身体合拢为一体，只留下四十二条手臂，每只手掌中又生出一只眼睛，表示一个化身，把本身两手除去不算，用每只眼代表二十五"有"（"有"代表因果），这样二十五乘四十即是一千。故曰千手千眼观音。

这左右共四十手内各自拿着如意宝珠、锡杖、铁钩、宝镜、梵夹（佛书）、莲花、葡萄等，可说是文物器具、宝具、美食俱全，每种小器物也是有各自寓意的。

在承德普宁寺内有一尊高达二十二米的千手观音，他的手臂是四十二条，是用乘法表示千手千眼的代表作。

也有的千手千眼观音有八条主臂，身后又有呈放射状的层层手臂，加上主臂形成六层手，在画面上画还好说，但用金属铸造确实不容易，制造这样

十一面千手观音

一尊像确实够费工夫的。所以《造像量度经》里说："单作法身八手者甚多，四十八手者已属罕见（这里是四十八手），满作千手者更少矣……则面臂全具之功德自然大也。"

21. 文殊菩萨（Mañjuśrī）

对于文殊菩萨我们都不太陌生，在汉族地区寺庙他经常和普贤菩萨一起作为释迦佛的左右胁侍。文殊有时骑着狮子，普贤骑着象。

文殊菩萨藏语称为"坚贝央"，在藏传佛教中很受尊崇。佛经说文殊菩萨常常居止在振那（震旦、支那）国的清凉山，山有五顶，也即山西的五台山。所以五台山的佛寺以供奉文殊为主，罗睺寺也是著名的藏传佛教寺庙。

文殊的形象也有不同变化，一般在释迦左侧，主司智慧。汉族地区寺庙里常有不骑狮子，体态婀娜而侍立的，有些类似女性菩萨，这是显宗中文殊的形象。

举智慧剑的文殊菩萨　　肩生双标的文殊菩萨

骑狮的文殊菩萨

在密宗中文殊骑着绿鬃的白狮子，右手举着利剑，发髻很高，有时结五个发髻。宝剑表示智慧之利剑能断一切众生烦恼，狮子表示智慧之狞猛，高耸的像宝葫芦一样的五髻象征着大日如来的五种智慧，这是金刚界（表德智）的文殊。

还有一种文殊左手持青莲花，坐在白色莲座上，这是胎藏界（表理性）的文殊。

文殊菩萨也有双身形的，他骑在狮子上，拥抱着明妃，有三头六臂，主臂拥明妃，其他的手或持弓或拿水盅，但右侧仍然有一手持智慧宝剑。

文殊菩萨代表智慧，所以班禅喇嘛和宗喀巴乃至乾隆皇帝都被认定是文

文殊菩萨化身的喇嘛学者
（内蒙古美岱召壁画）

殊菩萨的化身，还有多位班第达（学者之意）喇嘛也宣称是文殊菩萨的化身。在美术上的显著标志即是两肩上的宝剑和经书。

在八大菩萨中也有文殊一席之地。

22. 八大菩萨

在喇嘛庙里还常常供奉着八大菩萨像。按照《药师经》说，信徒在临终时，如信仰东方药师琉璃光净土，届时会有八大菩萨来引路，八大菩萨又叫八大嫡子。

这八大菩萨都是站像，菩萨形，容貌清秀，头梳高髻戴花冠，有着披散

的垂发和轻薄的飘带，袒露的上身缀挂着各种精巧的项圈、臂钏、手镯等物件，下穿薄透的大裙，身躯扭动自然，赤足站立在莲座上，无论面目还是姿态都塑造得非常姣好生动，俨然是八位温柔的少女，佛经中称他们为"天男形"，并非女性。

　　这八位菩萨的形象基本没什么差别，只是手印和肩上作为标识的小道具略有区别而已。这些小标识有些造像只用一个，称为单标识，也有的是两肩都有，称为双标识。

文殊菩萨

弥勒菩萨

观音和大势至菩萨

第三章 藏传佛教的各类佛像

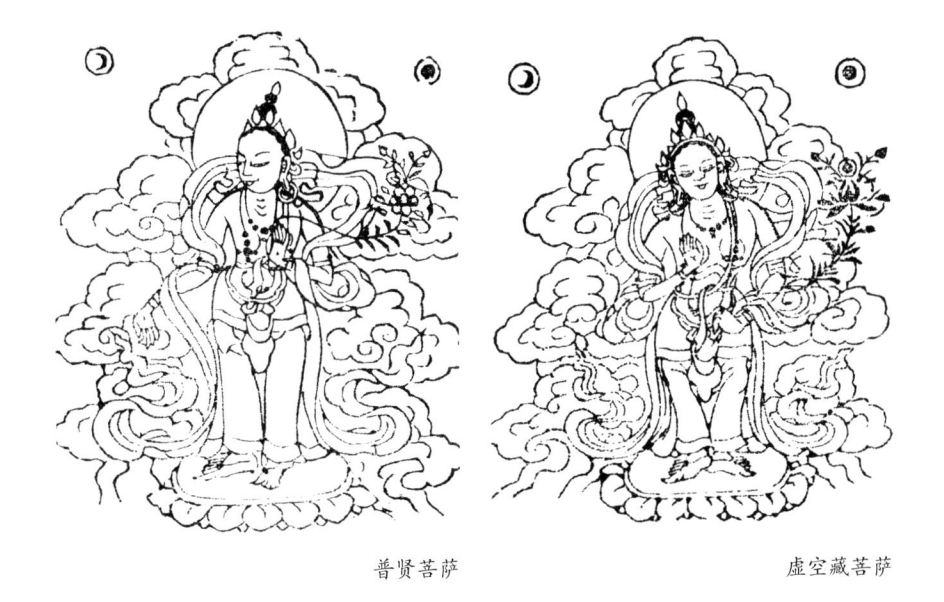

普贤菩萨　　　　　　　　　虚空藏菩萨

地藏菩萨　　　　　　　　　除盖障菩萨

各经记载的这八大菩萨名字有个别的出入，这也都不算错。一般统称的名称、身色、标识等如下：

文殊菩萨	身色杏黄	肩有经卷
弥勒菩萨	身色杏黄	肩有法轮
观音菩萨	身色白	肩有莲花
大势至菩萨	身色绿	肩有金刚杵
普贤菩萨	身色红	肩有如意宝
虚空藏菩萨	身色蓝	肩有剑
地藏菩萨	身色黄	肩有鲜果
除盖障菩萨	身色白	肩有宝瓶

以上说的都是单标识，如果双肩都有标识，那么文殊右肩再加把利剑，也有的经上记载弥勒肩上生有军持，也即净瓶。按《造像量度经》说弥勒肩上加龙华树。

如果依据《八大菩萨曼荼罗经》，则将大势至菩萨换成金刚手，也不算错。

上述各菩萨大多数都解释过，大势至菩萨是阿弥陀佛的右胁侍，通常和左胁侍观音一起被称为"西方三圣"。按佛经说，他以智慧光遍照一切，使众生赖以脱离苦海。

地藏菩萨是释迦佛寂灭后，弥勒佛没下世之前临时主持天国佛教事务的。《地藏菩萨本愿经》说，他发誓要先人后己，要把众生全部度完后自己才最后一个成佛，境界和誓愿非常宏大。他的性格又非常安稳静谧，像大地一样沉静，所谓"静虑如密藏，安忍如大地"，包含有无数个善的因素（善因的种子），所以称为地藏。

汉地寺庙对地藏菩萨也很崇拜，安徽九华山就被称为地藏菩萨的道场。但汉地寺庙的显宗的地藏菩萨一般是僧人形，剃发，手里拿着宝珠和锡杖。

除盖障菩萨也是大慈大悲的菩萨，他是专为拔除众生成道的各种障碍、救众生于水火的，并且能给一切众生以无畏，满足他们的愿望。

大势至的意思按《观无量寿经》说是："以智慧光，普照一切，令离三途（地狱、恶鬼、畜生）得无上力，是故号此菩萨名大势至。"也就是说，是解救众生不坠三途恶道的菩萨。

23. 白度母和绿度母（Tārā）

观音菩萨的化身很多，他还可以变化为二十一位救度母，呈现女性化的菩萨，藏语称为"卓玛"。《大日经》说，这些女性的度母都是从观音的眼睛中变化来的。二十一位度母的身色都不一样，有金色的、蓝色的、红色的等，但最受人们尊敬、寺庙里见得最多的是白度母和绿度母。

白度母蒙古语称为"查罕多罗"，"查罕"即"白"意。她的性格最为温柔善良，头脑非常聪颖，没有什么秘密能够瞒得过她，因此，牧民们有什么烦恼的事都要求助于她，她也总能热心救助人们，所以被称为救度母。

白度母的形象也很容易识别。她的双手手心和双足足心各生一眼，脸上又有三只眼，所以也被称为七眼女。她头戴古代印度贵妇人的花蔓冠，发髻高耸，双耳坠着大环，袒露着的上身斜披着络腋，帔帛环绕，双腿盘坐在盛开的莲座上；左手持一朵曲颈的莲花，右手掌向外，表示接受人们的求助，形象优美生动。

白度母

绿度母也是一位善良多情、助人为乐的菩萨。据说供奉绿度母能够解除八种苦难，即狮难、象难、火难、蛇难、水难、牢狱难、贼难、非人难，所以俗称救八难度母。

绿度母的形象和白度母大同小异，最显著的不同是她的身色是绿色的，左手拿一朵莲花；双腿不像白度母那样盘坐，而是左腿单盘，右腿向下舒展，脚踏在一朵莲花上。与白度母的另一个不同之处是她只有两眼，不像白度母那样额上、手心上和脚心上还有眼睛。

绿度母

藏族人民又传说白度母是藏王松赞干布的尼泊尔妻子尺尊公主转生来的。因她容貌艳丽、肤色洁白、聪明善良、性格温厚,为人们做了许多好事,久之便成了美丽聪慧善良的象征,因此将她佛化了。

而绿度母则被尊为唐文成公主的化身。文成公主进藏前听说那里生活艰苦,文化水平较低,所以特别请唐太宗多赐予她佛经和各种书籍,并带了许多制酒、制陶、纺织、铁工等各行工匠随同进藏,为发展边疆的经济文化做了许多有益的工作,受到藏族同胞的爱戴,因而把她佛化为绿度母。

24. 尊胜佛母(Uṣṇīṣa Vijayā)

寺庙里常见的菩萨还有一尊称为尊胜佛母,藏语称为"措道那木玛雅",蒙古语叫"茨库德勒"。她也是一位女性化的菩萨,有三面八臂。主尊的肤色和八条胳膊都是白色的,额上又生一眼,头上梳着高髻,戴花冠。按《造像量度经》规定,佛母要做成十六岁的童女形象,头发半绾着,余发下垂,发梢要过手肘,面形要像芝麻,眼睛要像优婆罗花瓣(红莲花)。

尊胜佛母

她左侧的一张脸是红色的，右侧的一张脸是蓝色的。主臂两手一手托着金刚交杵，一手拿着绳索。右侧第一只手托着一尊小化佛；第二只手持一支箭；第三只手的掌心向外做与愿印。左侧第一条手臂上扬；第二只手持一弓；第三只手托一只净瓶，瓶中生一朵花卉。这些手势和道具也是表示各种佛理的。

25. 长寿三尊像

在画面上经常看到以长寿佛为主尊，左边是白度母，右边是尊胜佛母，这三尊并坐的形象，被认为是福寿吉祥的象征。特别是在祖师堂入口处门楣上方或供奉舍利塔的灵堂里，这三尊像是必须供奉的。

这种图案也只有在藏传佛教的画像上才能看到，汉族寺庙中是见不到的，这三尊组合的形象非常受牧民的欢迎，在帐房毡包中也常可以看到。

长寿三尊像

26. 仁智勇三尊像

将观音菩萨、文殊菩萨和金刚手三尊一起供奉，称为仁智勇三尊像，即观音菩萨代表仁慈、文殊菩萨代表智慧、金刚手代表勇敢。也可以说仁智勇三尊像是把人间的各种优秀品格，用三尊菩萨的形象来代表。

仁智勇三尊像

27. 摩利支天（Mārīcī）

经常和长寿三尊像一起出现的还有摩利支天，她也是一位天界的人物，藏语称为"斡在卡玛"，呈女性形象。

按照《摩利支天经》上说，她有大神通自在之法，常在太阳前面行走，但太阳看不见她，她却能看见太阳。又说她的行踪诡秘，没人能知道她的所在，也没人能加害她和欺侮她。总之，这是一位能隐身遁形、神通广大的菩萨。

她的形象在汉地寺庙中属于二十四诸天之一，不知为什么她和猪有缘，往往在脸侧面又有一个猪头，形象非常好识别，一般的单身塑像有骑在猪身上的，壁画上多画着她坐在一辆由七头猪拉的车上，上方有日月星辰。

《大摩利支菩萨经》上说，她的身色像黄金一样，作童女相，穿着青色的天衣，手里拿着莲花，坐在金色的猪身上，头上戴着宝塔，下有群猪环绕。

摩利支天　　　　　　　　摩利支天

土观活佛铸造的摩利支天

　　青海的八大呼图克图之一土观呼图克图的佑护神即是摩利支天，所以他铸造了许多尊摩利支天的铜像，形象是摩利支天骑在猪身上的造型，至今存世尚多。

28. 大白伞盖佛母（Mahāsitātapatra）

　　这是一尊女性尊，乍看起来容易和千手千眼观音弄混了，藏语名"都噶"，"都"的意思是"伞"，"噶"的意思是"白"。

　　她的身色是白色，三头三眼，头上又有层层的头，像一个层层叠叠的大帽子，身体四周有无数的手臂，形成一个大同心圆，每只小臂上又生一眼，手中的道具有钩、剑、弓、箭、莲花、索子、杵，等等，最外缘是一圈火焰。

大白伞盖佛母

主臂的左手持一金刚杵，右手拿一柄白伞盖，这是她显著的标识之一。她脚下仰卧的人物、动物，上有飞禽，下有走兽，以及海里的鱼鳖，真是密密麻麻，数不胜数。那意思并非指她降伏的人物、动物，而是表明在白伞盖的庇护下赖以生存的众生。

按《大白伞盖经》的解释，此佛母有大威力，放大光明，能以佛之净德覆盖一切，以白净大慈悲遍覆法界。

大白伞盖佛母

大白伞盖佛母除了呈忿怒形的多手、多足、多头形象，还有一种温柔形有点像白度母女性形象。按佛经说是"一面二臂具三目，金刚跏趺而坐，右手做无怖畏印，左手持白伞当胸，严饰种种璎珞，身色洁白，如雪山上日光明照，具喜悦相"。

元朝时皇室对白伞盖佛母极为尊崇。按《续通鉴》记载，元世祖忽必烈至元七年（1270），采纳西藏高僧八思巴的建议，在大明殿的御座上安置一顶白伞盖，上面用泥金写着梵文，用以镇伏邪魔，护国安民。以后每年二月十五日都举行供祈白伞盖的佛事，被除不祥。届时官府准备三百六十副幡幢宝盖及各种汉族和少数民族乐器，发给铠甲、袍服、器杖，让许多男女装扮成各种装束奇巧的人物，且饰以珠玉锦绣，组成首尾长达三十多里的游行队伍，倾城的百姓都来观礼。

在这之前两天，在西镇国寺抬出释迦太子像，模仿当年释迦成佛前的净饭王太子巡游四门，具仪仗游行。十四日那天，八思巴法师率五百名蒙藏僧人在大明殿作佛事。到十五日这天，游行的队伍浩浩荡荡途经皇城，皇帝和后妃、公主都在玉德殿外临时搭起的彩楼上观看。事毕后将伞盖重新供置在御座上，帝师（八思巴）和僧众再作佛事，至十六日才结束，称为游皇城。

29. 智行佛母（Kurukulle）

藏语名为"姑噜姑力"，意即智行。按照《姑噜姑力仪轨》记载，她的身色为红色，有一头四臂，上面两手持红色乌巴拉花之弓箭，做引满欲射状。乌巴拉花，即梵文 utpala 的音译，意为睡莲。那弓弦和箭杆上遍生花叶，即是所谓的乌巴拉花弓箭。右上手持钩（金刚杵柄），左边下手持莲花之绳，两端一环一钩。牙齿微露，三目圆睁，端正仰视，佛经说是十六岁之容，发色红黄，向上竖立，头戴五骷髅冠，项挂五十个人头，穿着虎皮围裙，以人尸为垫，尸头垂在左侧。佛母左腿独立，背后是如流星炽盛的红火焰。

按西藏密宗的说法，按照她的仪轨修行，火不能烧，水不能淹，不被风

第三章 藏传佛教的各类佛像

智行佛母

智行佛母

吹，不被地陷，不遭意外兵祸殃害，不生病痛，远离魔障，寿命延长，智慧增长等，她最殊胜的功德是摄众生心，令其悦服。

《喜金刚本续王经》关于她还有这样一个故事：说的是古印度有一国王名叫俱生喜，是刹帝利种（古代印度的四种姓之一），他有众多的臣民、奴仆、嫔妃和财产。在如云的嫔妃中有一个妃子最为聪颖貌美，很受国王的宠爱。但不知为什么，她突然失去了国王的欢心，遭到冷遇。妃子很是苦恼，就打发一个贴身的宫女到民间秘密寻访能使国王复爱的秘方。那宫女来到一个绒线市场，碰到一个美丽的女子，女子送给她一种糕饼，告诉她王妃吃下去定会复得宠幸，宫女想，这样粗糙的食品拿回宫去，王妃肯定不会吃，还要说我不会办事，于是就在回去的路上随手把它扔在了一个水池里。谁知水中的龙太子吃了食物，竟爱上了王妃，便化身成一个王太子，悄悄地和王妃幽会，不久王妃生了一个儿子。

国王很是惊异，盘问之下，王妃和宫女说出了实情，国王不信，派人将市场上那个女子抓来，那女子在宫中现出种种神异之相，使国王大为叹服，知道她就是姑噜姑力佛母的化身，从此修持供养此佛母。

30. 护法神像

密宗认为佛可以显现三身，也就是自性轮身、正法轮身和教令轮身。而大日如来就是主尊的总体，是自性轮身。在形象上自性轮身一般是表情平静、肢体正常的。而教令轮身是针对那些顽固不化、执迷不悟、受魔障遮蔽的众生而变化的，为了教化他们，所以呈现忿怒形，以喝醒和吓退魔障，并要晓以各种咒语（明言），因而叫明王。明的意思是真言，即咒语。

藏传佛教中护法神像的种类也非常多，有的护法神亦可称为明王。他们

供奉护法神的殿堂门饰

一般都呈现忿怒相，红色的逆发，多头多臂，身色往往是蓝、黑灰、红，等等，脚下一般踏着被他镇压的恶鬼和各种生灵，这些都可称为生灵座。背后是烈火熊熊的火焰背光，因为规格不能与佛、菩萨相提并论，台座一般是单层的莲花，不能用双层的莲花座。

藏传佛教寺庙里往往有专门的护法神殿，蒙古语称为"道库辛透"，供奉那些忿怒形的明王。一般有五大明王或八大明王之说，例如雅曼达嘎、玛哈嘎拉、吉祥天母、降阎魔尊等都属于五大明王。实际上明王的数目很多，远不止五尊或八尊。又有所谓五部金刚大法的本尊即大威德金刚、胜乐金刚、时轮金刚、密集金刚和喜金刚。

护法神殿内的大威德金刚

31. 玛哈嘎拉（Mahākāla）

玛哈嘎拉是梵语，意为大黑天。他的起源很久远，据考证和古代印度的湿婆神有关，藏语也叫他为"滚波"，古印度把他视为军神或战神。据唐僧人义净的《南海寄归传》载，东南亚各国的寺庙或仓廪等都把他的形象制成木雕像，作为施福之神，供养之时，必将饮食置于像前。佛教密宗又认为他是大日如来降伏恶魔时所呈现出的忿怒形。总之，他是众护法神之首，凡藏传佛教寺庙里是少不了他的，也有将他译为永保护法的。

玛哈嘎拉又有多种，一般常见的有二臂的、四臂的、六臂的三种，现分述如下：

玛哈嘎拉（大黑天）

（1）二臂玛哈嘎拉

在画面上，他们的身色都是青黑色，三眼呈忿怒状，鬃毛竖立，头戴五骷髅冠，双手在胸前，左手托着骷髅碗，碗内是翻腾的血液，右手拿一把钺刀，做在碗里搅食状。两臂中间横着一根短棒，是兵器；双腿站立，踏在一个仰卧的男人体上，象征着他降伏的魔障；背后是冲腾的火焰。

二臂玛哈嘎拉

二臂玛哈嘎拉

（2）四臂玛哈嘎拉

他的形象和二臂玛哈嘎拉大同小异，中间的两条主臂同二臂玛哈嘎拉，只不过多了两只手，左手高举着一支三叉戟，右手高悬一把宝剑，颈部挂着一串带血的人头，象征着他的军威浩大，腰部围着虎皮裙，脚下踏着两个邪魔，下面是莲花宝座，所不同的是他呈坐势，两腿微屈，呈叉立形。

噶举派对他非常崇拜，他是该派的主要供奉神。

四臂玛哈嘎拉

（3）六臂玛哈嘎拉

他的形象比上述二像为多，有六条胳膊，最明显的特征是他披着一张白象皮，象头朝下，象腿搭在他的两肩和双腿后。最上面的右手向上抓着象脚，左手拿三叉戟，中间两只右手拿骷髅鼓，左手拿索子，主臂两手仍拿骷髅碗和钺刀，脖子上有青蛇、项链，脚脖和手腕上还缠着白蛇，象征着把龙王和药叉都降伏了，腰间仍围着虎皮裙，环绕着人头项链。

六臂玛哈嘎拉虽然是六条胳膊，但腿仍然是两条，右屈左展，跨在一头仰卧的白象身上，白象左手拿着骷髅碗，右手拿着大萝卜。据说这象王也是个财神，非常凶暴，后来被玛哈嘎拉降伏了。《造像量度经》中称它为揉制吉祥王菩萨，这是象王向他贡献方物，至于为什么用萝卜奉献军神，还可详考。

从元朝起，玛哈嘎拉就备受皇帝重视。元世祖忽必烈迎请西藏高僧八思巴喇嘛，封为"帝师"，据说八思巴随身带了一尊纯金铸的玛哈嘎拉像，供奉在五台山。元朝灭亡后，这尊金制大黑天也就随着元败军撤退到

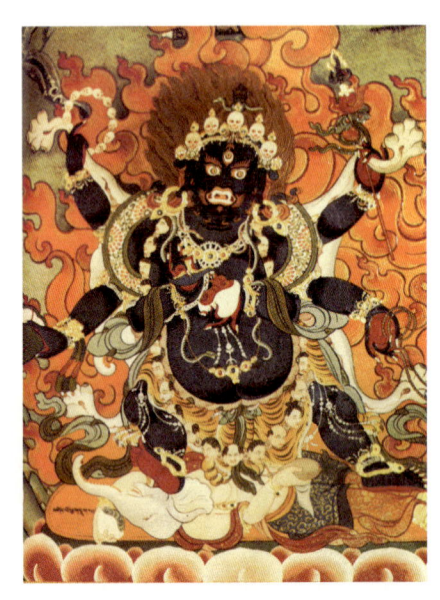

六臂玛哈嘎拉

六臂玛哈嘎拉

六臂玛哈嘎拉

草原，因蒙古察哈尔部是成吉思汗的直系嫡传，所以这尊像又被一个叫沙尔巴的呼图克图移供到察哈尔部。明朝末年时，察哈尔部的首领林丹汗势力扩张，但面临关外兴起的满洲，已有崩溃的趋势，有个叫墨尔根的蒙古喇嘛知道察哈尔部将亡，早已和满洲串通，做好了迎降的准备。天聪八年（1634），墨尔根将这尊金制军神秘密地带到奉天（沈阳），作为投靠清朝的见面礼，皇太极大喜，特在奉天城外建实胜寺，内辟玛哈嘎拉楼以供奉。清人入关后，在北京等地也大建玛哈嘎拉庙。

以上三种玛哈嘎拉常见的都是单身造像，双身造像较少见。

按密宗仪轨规定，玛哈嘎拉的贡品是白米（象征舍利）和白盐。

32. 白玛哈嘎拉

玛哈嘎拉还有一种身色是白的，藏语叫"贡格勒"，蒙古语也叫"察罕玛哈嘎拉"，"察罕"即"白"意，也有叫"白滚波"的。

他也是忿怒形的，三眼，竖发如狮鬃，六臂，主臂左手托骷髅碗，右手托象征财宝的火焰掌；右上第一手持钺刀，第二手持骷髅鼓；左上第一手持三叉戟，第二手持钩；双腿直立，与黑色的玛哈嘎拉不同，他两脚各踏着一头匍匐的小白象。

这小白象和大黑天脚下踏的仰身白象一样，在《造像量度经》中称为搽制吉祥王菩萨，又叫邪引天，是八大天之一，也是八大镇方守土神之一，象征着安定如意。

白玛哈嘎拉

33. 持棒贡波

在名字上带有"贡波"二字的护法神还有好几位，如有一尊俗称为"持棒贡波"的护法神，他穿着肥大的交领袍服，像汉族地区的戏剧中的官服一样，不过头部和四肢还和正常人一样，唯一的特异之处是额头上多一只眼，戴着骷髅冠，怒发上扬，气势汹汹地挥舞着一根大头棒，大概就是辽金时代称为"骨朵"的那种兵器，他也是一位保护佛法不受侵犯的护法神。

34. 寿主大黑

也叫寿主依怙（音 hù）尊，又称掌命之神，藏语名"才达滚波"，也是一尊护法神，也有说他就是阎魔王的。寿主大黑有三头、六臂、四条腿，主尊是蓝色，戴五骷髅冠，鬃毛中缠有一条蛇，三头左脸白色，右脸红色，据说是象征着善良与凶恶，善恶均有报。主臂两手分别持铃杵，拥抱着明妃，明妃身色灰蓝。

右侧第一手上扬持骷髅杖，第二手持嘎巴拉鼓，左侧第一手持索子，第二手持白海螺。背后生有翅膀，披白象皮和人皮，腰围虎皮裙，脚下踏小人。

这尊像在内蒙古地区格鲁派（黄教）寺庙很少见到，西藏等地供奉为多。

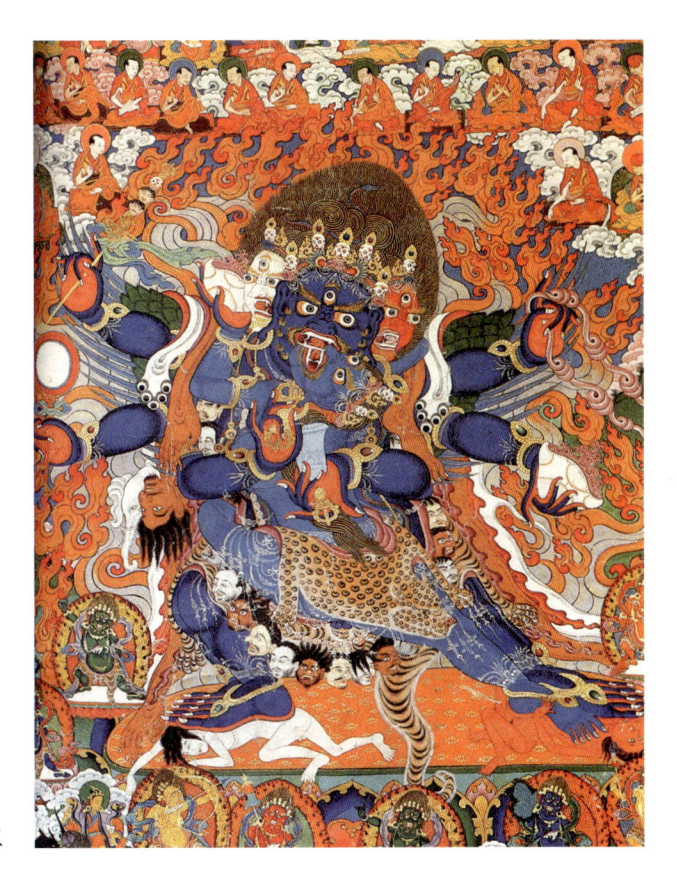

寿主大黑

35. 橛金刚（Vajrakīla）

藏语名叫"普巴多杰"，也是藏秘本尊之一，他的种类也较多，有单身和双身的。双身造像初看容易和寿主大黑弄混，因它也是三头、六臂、四条腿，拥抱着明妃。

他的明显标识是拥明妃的两手中握一金刚橛，也叫普巴杵，象征着佛法如金刚橛一样坚利，可破敌降魔。

在唐卡或壁画上还画有许多单身的橛金刚，一般是作为背景的小护法神，单身的橛金刚不画腿，自腰以下形成一个尖锥形，称为普巴杵形，身色也是绿、蓝、白、黑都有，形象很容易识别。

双身橛金刚

双身橛金刚

36. 大威德金刚（vajrabhairava）

大威德金刚亦称大威德明王，是格鲁派主修的重要的护法神。

他的名称和形象也有许多种，藏语称为"雅曼达嘎"，和梵语发音一样，这"雅曼"是"阎魔"的对音，意思是降阎魔尊。

常见的大威德金刚是九头的，中间一头是大水牛形，有像张开的弓一样粗大的牛角，每头都有三只眼，以及上翻的肥大的水牛鼻，张着血盆大口，头上戴着五骷髅冠，他有三十四只手、十六条腿，蓝色的身体，拥抱着明妃"罗浪杂娃"。各头的颜色和表情也不完全一样，或黑或灰或白，表情或愤怒或勇猛，最上一头是如来形的，象征着他是阿弥陀佛化身而来的。金刚的

大威德金刚

十六只脚分两组，一组脚踏着男人、水牛、黄牛、鹿、蛇、狗、绵羊、狐狸，象征着八位天王；而另一组脚下则踏着鹫、枭、鹦鹉、鹰、鹤、鸡、雁、鸦等，据说是象征着脚下八大天王的八位明妃，严格说起来，这些动物应是象征着修法中的邪魔和愚昧。

而三十四只手中各拿的铃、杵、刀、剑、弓、箭、瓶、索子、钩、戟、伞、盖、骷髅等兵器，寓意也各不相同，佛教图像中都是用这些持物来表示智慧、勇猛、精进、坚固等。他为了教令法界，而变化成的威武愤怒的模样，也就是说以威猛力降伏恶魔（阻碍修法的外敌和困难等），这就是"威"；以智慧力摧破烦恼业障，使众生从无明中解脱出来谓之"德"，合即大威德金刚。

至于九头之上最高的无量寿佛头说明大威德金刚是无量寿佛变化而来的，也有认为他是文殊菩萨变化来降伏阎魔王的，是文殊化身的威德怖畏金刚，这种说法也不算错，特别是蒙古地区的藏传佛教都是这样认为的。西藏密宗很复杂，各派大同小异，只要有佛经可依，我们任取一种都可，但这样又很容易将大威德金刚和下面一尊降阎魔尊弄混。

37. 降阎魔尊（Yamāri）

这尊像据说是文殊菩萨为降服阎魔王而变化的，藏语称为"辛杰协"，也即阎罗敌的意思。

但在蒙古地区寺庙，僧人们都管他叫"巧尔吉"（藏语），意思是法王，也有的称他为地狱主，说这就是阎王爷的形象，也未尝不可。降阎魔尊有单身和双身的，这尊护法神也是水牛形，蓝色，挂着骷髅念珠和人头，两手上扬，右手持人骨棒，据说是有个作恶者名叫"挪细"，此人骨棒是将他降伏后的尸骨；左手持一条索子，端上有钩，赤脚踏在一头青色的大水牛身上，这大水牛即是阎罗王，在牛身上还站着一个明妃，名叫"杂扪只"，意思是愤怒，据说她原是个良家女子，后来被阎罗王掠走为妻，是阎王的智囊。她也是裸体，身上披着鹿皮，披着长发，正在用左手托着个骷髅碗向阎王献殷勤呢。

降閻魔尊

降閻魔尊

降阎魔尊

在这头昂首龇牙的大青牛身下,还压着一个仰面朝上躺着的男人,披头散发,四脚朝天,这就是作恶者挪细,他是男性,并非女性,这在一些绘制清晰的画面上可以看得很分明,但许多人都认为他是女性,也就是盛传的欢喜佛,所谓人与兽交就是如此。这是没有道理的穿凿附会之谈。当然也确有些画工为了迎合观众的心理,故意将他往女性方面描绘,那纯属猎奇,是没有根据的改动,不足为凭。

关于他还有这样一个故事:

古时候，有个苦行的僧人在一个深山洞窟中准备修行五十年，就在修行眼看到期的第四十九年第十二个月第二十九天的夜晚，有两个强盗偷了一头牦牛来到洞里，把牛头砍了下来。这一切都被僧人看到了，因此强盗们又要对僧人下毒手，僧人想到自己的修行马上就要期满，一旦死于非命就太遗憾了，于是苦苦哀求饶命，但强盗不听，还是将他杀害。突然僧人肩上长出了牛头，变成阎罗王模样，大发雷霆，把强盗全消灭了，并用骷髅碗作饮器喝尽他们的血。但他也因此变成了一个性格荒暴的阎罗王，要吃尽所有的人类，老百姓非常恐惧，纷纷向文殊菩萨求救，文殊菩萨现出了忿怒金刚形，也就是上面说过的那个忿怒相的文殊，降伏了阎罗王，降阎魔尊即是文殊降伏阎罗王的情景。

38. 马头金刚（Hayagrīva）

辨别一尊佛、菩萨、明王叫什么名字，先不要急于下结论，仔细地看看他头顶上、肩头上或手里有什么小标识、持物或持什么手印，就比较容易辨认了。

马头金刚也不例外，他也是个忿怒的明王形，在那竖立的红发里有一个或三个绿色的小马头正仰天长啸，这肯定是马头金刚无疑了。马头金刚也叫马头明王、马头观音、马头观自在，藏语称"丹真"，蒙古语叫作"达木林"，"达木林"是一个蒙藏结合的名词，"达"是藏语"马"的意思，"木

马头明王

林"也是蒙古语"马"的意思，语义重复。

藏密认为他是胎藏界（表大日如来的理性）观音院的本尊，是六观音之一，畜生道的教主，也是观音的变化，但也有说是无量寿佛的忿怒身，也不算错。

马头金刚有好几种形象，都是忿怒形的，有两只手、六只手、八只手的，还有身后带翅膀的，身色按佛经要求也是非黄非赤，基本上是棕红的，三只眼，鬓毛上竖，不管怎么变化那绿色的马头还是很容易看到的。

在格鲁派（黄教）寺庙里，我们看到的马头金刚大都是不带翅膀的，带翅膀的多是宁玛派所供奉的。不过也有个别黄教寺庙采用，像甘肃的拉卜楞寺就有带翅的马头金刚。据说得了病念经求他很有疗效，否则必将钱财散尽才能病愈。

马头明王

马头明王

那带翅的金刚有三个人头,中间的头呈红色,左边的头是白色,右边的头是青灰色,三个马头也是向三个方向张口嘶鸣,寓为向三界挑战;主尊两手右手持金刚杵,左手托金刚铃,拥抱着淡红色的明妃;明妃名叫多罗,也是度母的意思。金刚六只手,各持骷髅碗、索子、蛇、骷髅杖等,不管是哪种马头金刚,右手的第一只手大都上扬,持一根骷髅杖。

39. 不动明王（Acala）

不动明王是奉大日如来的教令而示现忿怒形的，他能降伏一切恶魔，有大威势之真言，所以叫不动明王。不动的意思并不是不能动弹，而是说他早就在大日华台成佛了，但他当初曾发愿要作为如来佛的僮仆而为他尽各种义务，所以呈现僮仆形，也叫常住金刚。

不动明王的形象比较好识别，他也是一位裸身的胖汉形，腰间围着虎皮裙，通身白色，红色的火焰形逆发，脖子上挂着一条蛇，右手高举着降魔宝剑，左手拿一条索子，索子一头系着杵，一头拴着钩，这些法器含有降伏、爱敬、钩召等意。他右腿前竖，左腿后屈于莲座上，这种姿势称为跪立。

不动明王

不动明王

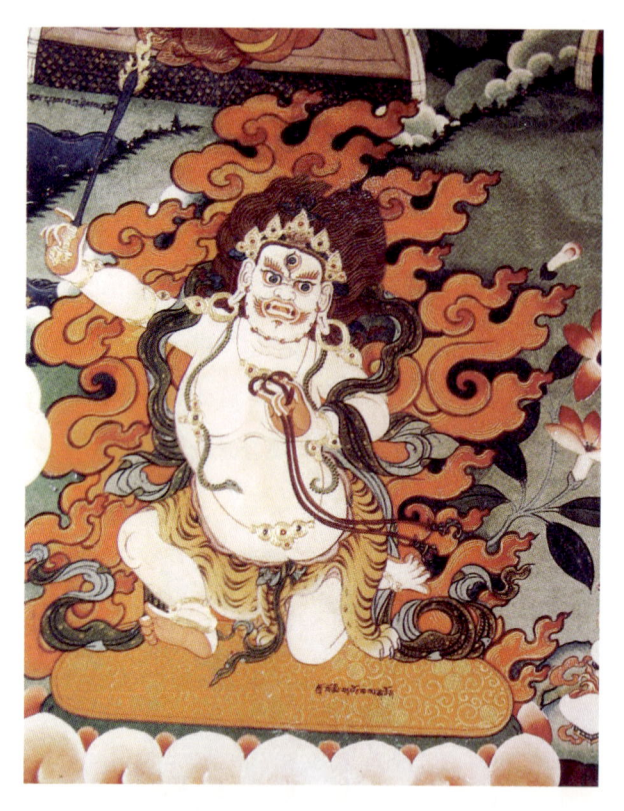

不动明王

40. 吉祥天母（Śrīdevī）

吉祥天母是个女性护法神，在藏传佛教中地位很高，吉祥天母梵文读"达维"，藏语读"巴达拉母"，蒙古语一般称"巴拉依吉哈蒙"，又称为"白拉蒙"。据说她有一百多种变化形象，名字也各不相同。

她原是婆罗门教的主神，后来被吸收到苯教中，成为苯教受尊敬的主神。苯教巫师们的祈赞文中写她是"吃人肉的、喝人血的空行之母巴登拉母"。苯教说她最早生活在藏族人民中，后来前后嫁到上神界、中魔界和下龙界，因她神通广大，所以无论到哪儿都受到奖励，她右耳朵上挂的狮子和头上的孔雀毛就是神界的奖励，左耳朵上挂的蛇是龙界的奖励。

到底谁是她的丈夫也是个问题，有说她是古代印度湿婆神的妻子，或是住在楞伽岛上的药叉的妻子，有说是多闻天王的妃子，有说是阎罗王的妻子，另有说是吉祥天女，说是多闻天王的妹妹，看来她的归属确实成问题。

此后她又被佛教吸收为护法神。因她有大吉祥，受到人们的爱戴，所以又称功德天。

吉祥天母的形象最好识别，是个肤色青蓝的凶神，红色的头发竖立，上面饰有五个骷髅，头发顶上有半月和孔雀毛；右边耳朵上有小狮子为饰，据说象征着听经；左耳上挂着小蛇，意思是愤怒（也有说是龙界的奖励）；腰里挂着账簿，那是专门记载人们所做恶事的档案，如果谁做了恶事将来要受剥皮处置。她左手拿的骷髅棒，是专门对付恶鬼阿修罗的，右手端着盛满鲜血的骷髅碗，身后披着人皮，那人皮据说是她亲生儿子的，也有说是她亲弟弟的，确实凶恶至极。总之是象征她大义灭亲，不管是谁，破坏了佛法都不宽恕。在马鞍前端下方有红白两个骰子，红的主杀，白的主教化。鞍子后有一个荷包，里面盛着疫病毒菌，寓意她是主生死、病瘟、善恶的神。

最有趣的是她骑的那头黄骡子，注意，那骡子屁股上还生着一只眼，所以也俗称骡子天王。骡缰绳是毒蛇，下面是汹涌的血海，象征着她闯过了天、地、海三界。有的画面上还画有二龙王，鞍前马后地为她持缰引路。

关于骡子屁股上的一只眼睛，传说是吉祥天女年轻时非常漂亮，但行为放荡，她父亲一怒之下将她锁起来，母亲悄悄把她放了，她骑骡子逃跑，父亲追赶不及，一箭射中骡子屁股，她拔下箭，箭孔变成了一只眼睛。她逃走后，嫁给了罗刹国王，罗刹是恶鬼，专吃带五毒的人，她也学会了吃人，身上染了许多病毒，后来在佛的感召下幡然悔悟，下四海剿妖。

藏历每年的正月初一，传说她要骑着阳光周游世界，并将阳光吞入肚子里，所以那天也是她的祭日。在画面上可以看到她的脐部有个发光的小太阳，即表现这个情景。

吉祥天母还受到达赖喇嘛的特殊尊崇。在拉萨东南三百里有个湖，湖中

吉祥天母

吉祥天母

可以显现她的影像,历代达赖喇嘛每年都要隆重地礼湖,届时湖中就可以显示达赖喇嘛一生的事迹和凶吉善恶之事,吉祥天母此时还要和达赖喇嘛进行谈话,作重要启示。但是,因吉祥天母的脸太可怕了,所以事先应请她转过脸去,否则就会被吓死,据说九世达赖和十二世达赖就是因事先联系不当,看到了她的尊容而被吓死的。

吉祥天母的重要祭日有两个:一个是上文说过的每年藏历正月初一吞日周游世界,人们在这天要祭她。还有一个是每年藏历十月十五日是她的游行日,藏语称"白拉日珠",这天僧众要从大昭寺吉祥天母殿把她的塑像抬出来,在拉萨市内游行。据说每年此日她要和丈夫墀布宗赞(即湿婆神)相会一次。

吉祥天母的影响很大,许多到过西藏的中外人士对她也有所记载。例如在《西藏志》中提到,大昭寺的东南角金殿内有百喇木(即白拉蒙)殿,神名百喇木。有人说是文成公主显示威灵,受到人民的敬畏,汉人也有称为骡子天王的,说的就是吉祥天母。

英国人贾卜门有一篇名为《拉萨的素描》的文章,也记载了参观"白拉蒙"殿的情形,文中写道,殿中供的神就是印度的加里女神、西瓦(湿婆)的妻子。有两尊神像表现她发怒和不快的样子:一尊是她化作一位可怕的黑怪物,穿着人皮制的衣服,并从一人头里吃脑髓,而围绕她的是病和死的象征,狰狞的鬼脸和一些奇异的古代兵器(由于她的脸实在太可怕了,所以常常遮盖着);另一尊则面容和善,穿着华丽的绸衣,戴着珠宝。

41. 白拉蒙

吉祥天母常见的有两种:一种是忿怒形的,另一种是文静形的。文静形的形象更偏于男相。有的庙宇壁画将这两尊画在一起。

她的肤色是白的,头上有高耸的发髻和花冠,耳朵上坠着大环,三只细长的眼睛,目光和善,嘴微微张开,身披白色大衣,里面着右衽交领的大红袍,脚下穿红靴,轻松地坐在莲座上。她的右手拿一支白杆的长羽箭,左手端一只盛满珠宝的碗。

她的形象和那面目凶恶的吉祥天母相比，倒像个文雅的儒士，使人无论如何也不能把她同那凶神联系到一块儿。在藏传佛教里就是这样，一尊佛、菩萨可以有几种变化，相貌判若几人，这种情况在汉传寺庙里很少见。

42. 大红司命主（Begtse）

这也是一尊护法神、战神，据日本学者长尾雅人考证和古代印度战争之神卡梯凯雅有关，大概是他的原型后来被藏传佛教所改造了的形态。藏语称他为"滚普斯仁"，一说到"滚普"，那就和也属于贡卜系统的玛哈嘎拉有关，都是护法神的一种。

蒙古地区的藏传佛教寺庙里也称他为"甲木斯楞"或"拜库茨埃"，大经堂的入口处经常可以看到他的形象。

大红司命主

大红司命主

大红司命主和一般护法神不太一样的地方是他的脸不是那种青蓝的阴森色，他是一位红脸大汉，纯粹的大红色，怒发冲天，三目圆睁，浑身全副武装，铁甲战裙，下着战靴，右手高举着宝剑，左手抓着一枚血红的桃子般的血淋淋的人心，正往那白牙大口里送，左臂间夹着一支长矛，矛杆上缠着斑斓的毒蛇。

他的战靴下还踩着一匹灰绿色的倒卧的小马，小马四腿朝天，头朝下嘶鸣，呈挣扎状。另一只脚下踏着几个匍匐的战俘。

双身大轮金刚

胜乐金刚

43. 大轮金刚手（Cakra Vajra）

他的藏名叫"恰多柯钦"，即大轮金刚手，和前边介绍过的金刚手是同一类。佛经说胎藏界金刚手原有三十三尊金刚，他是其中之一尊。诸尊金刚都手持金刚杵，以表示大日如来（毗卢遮那佛）的智德，用如来的大慧力摧破三障。

他也是六臂忿怒明王形，有六只手，三个头，左边的头白色，右边的头红色；狮鬃，拥抱着浅灰色的明妃，明妃左手端着骷髅碗，内有翻腾的血浆，正往大轮金刚手嘴里送。在他们的脚下各踩着匍匐的小人，象征着惑障无明。

大轮金刚形象比较好识别，他的右手高举着金刚杵，中间两手正舞动着一条大花蛇索子，两手持蛇两端，中段从嘴里通过，形象很怪诞。这大蛇索子形成一个小轮形，用来譬喻断惑的智德。大轮金刚手多是双身形的。

44. 胜乐金刚（Cakrasaṃvara）

也叫上乐金刚，藏语名"登巧"，蒙古语名"德木齐格"，是藏密的本尊之一。所谓五部金刚大法的本尊即大威德金刚、胜乐金刚、时轮金刚、密集金刚和喜金刚，都是双身形的，人们往往统称这类双身造像为欢喜佛，严格说来并不准确，称为双身佛像较妥。

胜乐金刚也是蓝灰色的，有四个头，左边一头白，右面二头分别为绿、红色，每头都是三眼。他有十二只手，但腿仍为两条，背后披白象皮，腰间围虎皮裙，挂人头一串，主臂两手分别持金刚杵和金刚铃，拥抱着红色的明妃金刚佛母。需要稍加说明的是，明妃的双腿盘在胜乐金刚的腰间，因为还有数尊双身佛其明妃屈盘的双腿姿势都略有不同，这也是识别各佛的标准之一，不可忽视。明妃的左手持金刚铃，右手上扬，挥舞着钺刀。

胜乐金刚的各手分别持斧、钺刀、三股戟、骷髅杖、金刚索、金刚钩、人头等，脚下踩着挣扎的小人。背后是火焰光背，下有莲花座。

藏传佛教寺庙的密宗佛殿（纠巴扎仓）非常重视胜乐金刚的修法。

胜乐金刚

45. 时轮金刚（Kālacakra）

时轮金刚也是一尊双身佛像，藏语名"堆柯"，蒙古语名"洞阔尔"（藏语的变音），意思都是时轮。

猛看起来，他和胜乐金刚差不多，也是四个头，每头三只眼，主体是蓝色的，左边的脸红色，右边两张脸一白、一黄。和胜乐金刚不同之处是他的胳膊更多，颜色也更丰富，当然，色彩在雕像上一般反映不出来，但绘画上能看得很清楚。那层层的手臂呈放射状伸向四周，形成一个圆形，最上一组四只手臂是白色，中间四只手臂为红色，最下一组四只手臂是蓝色（包括拥抱明妃的两只手，手中各持一金刚杵），左右对称，加起来是二十四只。明妃

时轮金刚

时轮金刚

有两张脸，一上一下，颜色也不一样，也有的画面上明妃是四层脸，八只手臂，上有两手拥抱着主尊，这样统统加起来就是三十二只手，每只手或持斧、棒、轮、钺刀、戟、短剑、弓箭、骷髅鼓、海螺、莲花、钩、索、骷髅碗等，总之是文武法器都有了。这些法器的寓意都不相同，寓福德、智慧、钩召、吉祥、摧破等。

他们的脚下也踩着许多挣扎的小人，下有莲花座，后有火焰光背。

时轮金刚是时轮金刚密法的本尊，据《西藏王臣记》，古印度北方有极乐世界，国名香巴拉，国王月善王最早宏传《时轮金刚》之法，《时轮金刚》约12世纪传入西藏。

时轮金刚密法认为众生都在过去、现在、未来"三时"的迷界之中，故时轮以示三时。该法又宣扬释迦佛之上还有一位"本初佛"。在藏传佛教寺庙的洞阔尔学塾里专门研究时轮金刚密法以及天文、数学、历算和曼荼罗仪轨。

请注意他和胜乐金刚的区别，时轮金刚的明妃身色金黄，双腿和时轮金刚平行站立，或一腿盘于时轮金刚腰上，不像胜乐金刚的明妃身蓝色，双腿屈盘在胜乐金刚腰部，手臂也较胜乐金刚多。抓住这几个特征，就比较容易判断。

46. 喜金刚（Hevajra）

这尊双身金刚也称为欢喜金刚、饮血金刚，藏语名"杰巴多杰"，有五个头，左一面，右三面，骷髅冠上的顶严是一个忿怒形的明王。

明王有十六只手臂，最显著的特征是他的每只手里都托着一个白色的骷髅碗，里面有种种神物，不过每个碗里都站着一种动物或人物。

右边各手所托的依次是白象、青鹿、青驴、红牛、灰驼、红人、青狮、赤猫；左边各手所托的依次是黄地神、白水神、红火神、青风神、白月神、红日神、青狱帝、黄施财等。

这些动物和神像的头都朝向明王，也都是各有寓意的。

明王主臂拥抱着明妃"金刚无我佛母"，佛母左手勾明王颈，右手上扬着

喜金刚

嘎巴拉鼓（骷髅鼓），也有画成右手持钺刀的，正和明王拥抱接吻。他们身上悬挂着有五十个骷髅的项链，象征着梵文的五十个字母。

喜金刚胳膊虽然多，但腿只有四条，左足着莲座，右腿屈，脚下踩两个仰卧人，表示降伏邪恶与无明。这种站立的姿势称为舞立。

47. 密集金刚（Guhyasamāja）

双身佛密集金刚也叫密聚金刚，他的梵名叫"库夫雅萨玛佳"，藏语称为"桑兑"，蒙古语也是这样称呼。格鲁派的密宗非常重视修习密聚金刚法。

这尊佛据说是从东方阿閦佛（五佛之一）变化而来的，在藏传佛教里他也是宗喀巴的守护神。

密集金刚较其他双身金刚好认些，因他是结跏趺坐像。本尊三头，左边一头白色，右边一头红色。身色深蓝，六只手臂，主臂两手持金刚杵，拥明妃，结跏趺坐在莲座上。其余四只手分别持法轮、掌托火焰、持莲花、持宝剑。明妃身色浅灰，也是三头六臂，上两手勾搂金刚的脖子，其他四只手持莲花、宝剑、弓箭等，双腿盘在金刚腰部。

密集金刚

第三章 藏传佛教的各类佛像

密集金刚（顾绥康摄影）

48. 殊胜黑如迦（Heruka）

有些护法神在蒙古地区黄教寺院是不常见的，但在青海、西藏的一些藏传佛教寺庙里可以看到，例如这尊殊胜黑如迦，藏语名叫"德协主巴噶结"，也叫善逝八法行尊。他原来就是苯教的一尊凶神，后来被莲花生吸收到藏传佛教中。

他有九头，每头三目，主尊是蓝色的，右边脸白色，左边脸红色。第二层第三层各脸颜色也不一样。他主臂两手持头器和金刚杵，拥抱着明妃"玛摩"。两侧又有十六条手臂，加上主尊两手共十八手，手中持各种法器，挂人

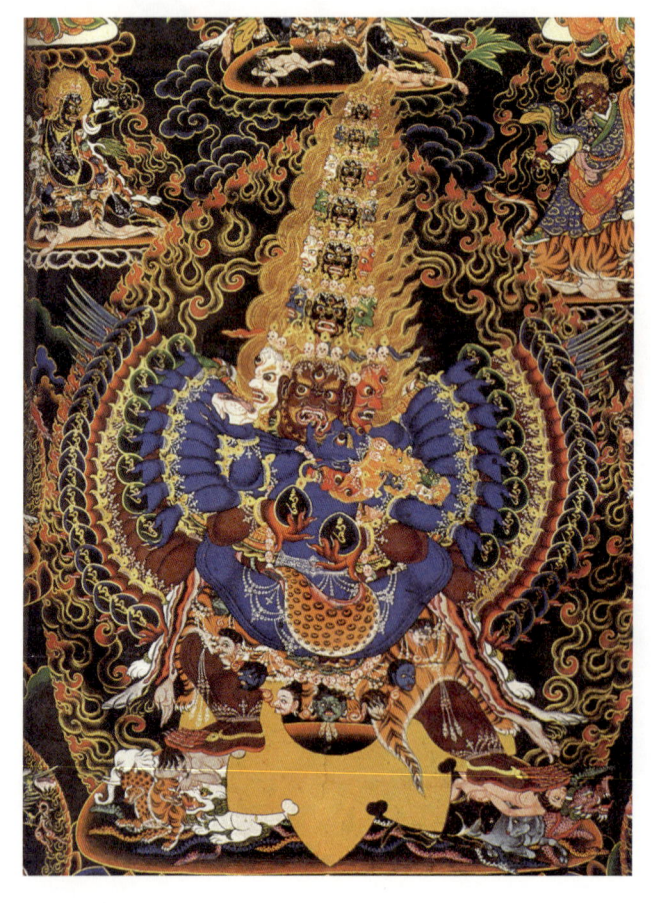

殊胜黑如迦

头项链，身后带鸟翼，八条腿，足下踩有猪、狮、象、虎以及俯卧的小人。

此外，格鲁派寺院里供奉的明王、护法神都是不长翅膀的，但带翅膀的神像大部分是宁玛派供奉的。

49. 金刚瑜伽母（Vajrayoginī）

也叫金刚瑜伽空行母，属密宗女尊之一，形象为裸体女性，右手持钺刀，左手举骷髅碗正在饮血，肩扛骷髅杖。空行母是双修法的女伴，亦可称为明妃、佛母。金刚瑜伽母也称那罗空行母，与帝释空行母、弥支空行母并称为三大空行母。她们教法分别是由那罗巴、帝释法王和弥支巴三位密教大师传布的。

金刚瑜伽母

金刚瑜伽母

50. 狮面佛母（Simhamukha）

也叫狮面空行母，藏语称为"森多玛"。她是一个狮子头的女性护法神，火红色的鬃毛像烈焰一样上卷，五骷髅冠为饰，三只铜铃般的恶眼怒视，张口龇牙而卷舌，左手正托一个骷髅碗吞食血肉秽恶。右手横握一柄钺刀，十

狮面佛母

熊面佛母

牛面佛母

指锐利如虎爪，脖子上挂着五十个人头，腰系虎皮裙，袒腹露乳。左足踩在一个仰卧男子身上，右腿微屈，呈舞立姿势。背后是熊熊火焰组成的背屏。

空行母有许多种类，除狮面佛母外，还有虎面佛母、熊面佛母等，都是藏传佛教的护法神。

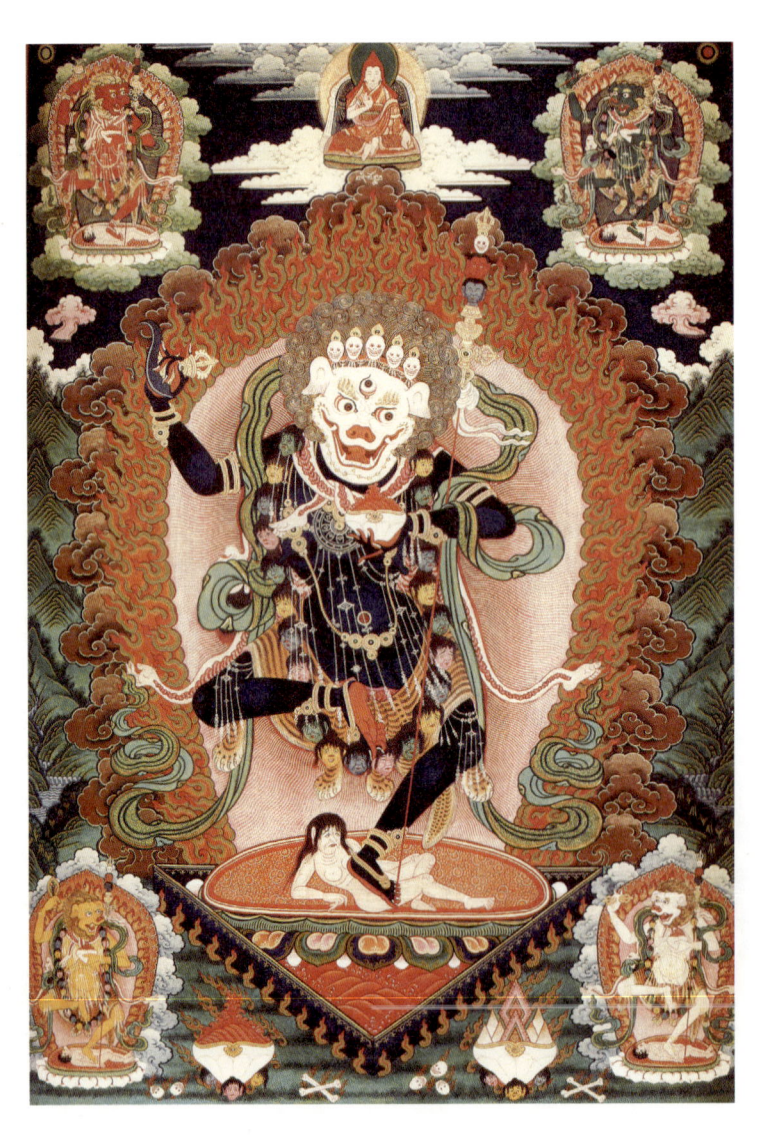

狮面佛母

51. 事业王（Phrin les bdag po）

藏传佛教中的护法神有的是属于佛教方面的，也有一些是西藏苯教或者是民间故事中的神祇，他们都是莲花生大师入藏时降伏的神怪，也往往在寺庙中供奉。

事业王。

内蒙古美岱召的乃琼庙

　　事业王，藏语名"臣赖佳乌"，全身色白，三眼三头，戴斗笠形绿帽子，左边一脸黑蓝，右边一脸红色。六只手，右上手上扬持钩，右下手持短剑，中间左右两手正拉弓射箭，左上手持弯刀，左下手持短棒，那根棒是他生命的依附之处。他赤足骑在一头绿鬃毛白狮子身上，狮子四爪下面踩着两人，背后是熊熊的火焰。

　　据说他原是突厥族所供奉的神（突厥族是隋唐时我国西北地区的一个少数民族），原名叫"白满天"，亦称"白哈尔"，共有弟兄五人，他是最小的五弟。在供奉时，将四兄弟安置在四角，他位居中央。后来被莲花生降伏，成为佛教的护法神，人们将他供奉在桑耶寺，此后他在那里转了世，成为神卜巫师，娶妻生子，世代传袭，称为乃琼。五世达赖时，又将他正式作为政府的神卜，不再娶妻生子世袭，而是用转世的办法寻找接班人。达赖喇嘛转世占卜时，他与乃琼是同体的，通过乃琼体现他的意旨。

事业王的神殿也称为乃琼，一些寺院专门设有乃琼庙，里面专门负责占卜的神巫称为乃琼，当年即是事业王转生来的。乃琼庙的二层回廊上都有牛、鹿、熊等走兽，如同标本陈列馆。

例如青海塔尔寺的小金瓦寺，藏语称为"赞康"，即是护法神殿，里边有乃琼在降神问卜。楼上走廊内，就有野牛、羚羊、狗熊、猴子等标本，大概是表明那些动物都是事业王的部下吧！

因为事业王是突厥族所供的神，所以在西藏地区凡是上演著名的藏剧《格萨尔王》时，因剧中有表现格萨尔王征服突厥的内容，一般都不在乃琼庙附近上演。

52. 骑羊护法

汉语名叫黑铁匠神，藏语名叫"唐坚噶瓦那波"。他头戴笠帽，身穿外套，脚上着靴，骑在一头曲角长鬃的红山羊身上，右手高举着铁锤，左手拿一具虎皮风箱。这些铁匠炉的工具也是他护法的武器，而那头大山羊是他生命的依附之处。

像事业王、骑羊护法这类护法神，在佛经中不容易找到依据，而是藏传佛教吸收了苯教和民间神怪的体现。

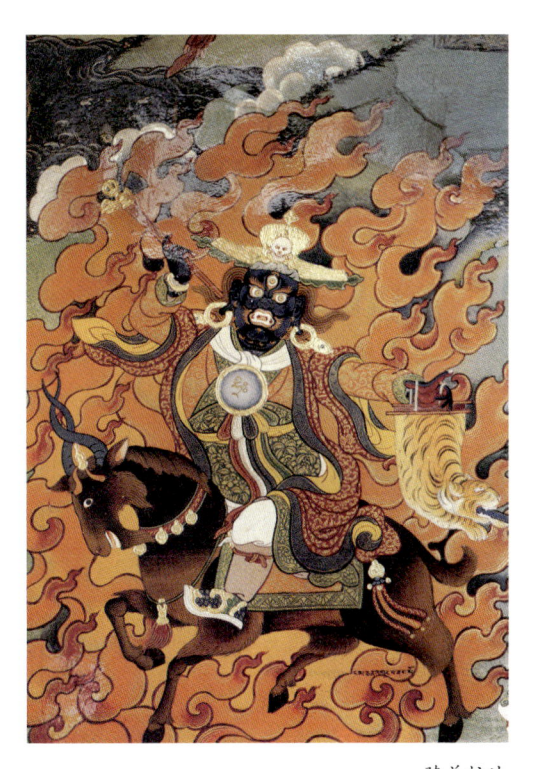

骑羊护法

53. 地母金刚（rTen ma rdo rje grags rgyal ma）

藏语名"丹玛多杰扎杰玛"，是守护西藏土地的菩萨，共十二尊，称为十二丹玛女神，原是西藏的十二位魔女，后被莲花生大师降伏，成为十二位护持世间的护法神。地母金刚头梳高髻，戴花冠，右手举着骷髅鼓，左手持杖，骑在一头大角黄鹿上。头部笼罩红色的光环，身后是缭绕的祥云，不像那些明王，身后是熊熊的火焰。

十二位女神形象大同小异，坐骑为金翅鸟、狮子、龙、马等。

十二丹玛女神

地母金刚

54. 白马天神

骑在马上的勇士，在藏传佛教中有多位，身色和马的颜色都不相同。骑白马的勇士俗称为白马天神，有人认为是仇神护法，也有人认为是西藏的英雄格萨尔王。

此外还有几尊骑马的武士，手中托摩尼宝珠，象征财宝，可以知道他们除了是勇士以外，还具有财神的色彩。

具有财神色彩的天神

白马天神

55. 四大天王

四大天王在汉传佛教寺庙山门内或天王殿内都有塑像，藏传佛教寺庙一般是画在佛殿大门两旁墙上。

佛经上说，须弥山顶上住着帝释天，山腰有犍陀罗峰，四个山头，各有一王，护持一天下，因此叫四天王。汉族地区的四天王被描绘成身着战甲的武士，一般为：东方持国天王，身色白，手持琵琶；南方增长天王，身色黑，持宝剑；西方广目天王，身色红，手里持绢索或龙；北方多闻天王，身色绿，持宝幢或伞，有的左手托一只银鼠。

不过，各地四天王的形象道具并不完全一致，像广目天王，手中往往托一个藏式的小塔，民间往往将其误传为托塔李天王，这实际上是把《封神演义》里的李靖拉了进来，并不准确。

关于这四大天王手中的持物，在佛经中也是有依据的。如持国天王梵名叫"提多罗咤",他是护持国土的将领,率领着毗舍阇(意思为癫狂鬼)和乾闼婆神将,是帝释天的主乐神,所以他手中持琵琶作为标识,专门护持东方浮提婆洲(东胜洲)的人民,因此叫东方持国天王。

南方增长天王梵名叫"毗琉璃"(意思即增长,他能令人增长智慧和善根,所以手中持剑,在佛教造像中用剑来表示智慧、断烦忧)。他率领着鸠叛荼(意为雍形鬼)和薜荔(意为饿鬼),保护着阎浮提洲(胜金州)的人民,古称

持国天王

增长天王

南方增长天王。

西方广目天王梵名叫"毗留博叉"，意即广目，能以净眼观察护持人民，率领诸龙和富单那（意为臭恶鬼），因此手中持一龙，专门负责保卫西瞿耶尼洲（西牛贺洲）的人民。

北方多闻天王梵名叫"毗沙门"，意即多闻。他有大富德，专门保护众生的财富，右手持伞，是保护众生的，护持郁单越洲（胜处洲）的人民（见《长

广目天王

多闻天王

阿含经》卷十二《大会经》）。因每位天王都有两位主将，所以俗话也叫四大天王，八大神将。

但是，中国汉族地区传说四大天王手中所持物件代表"风调雨顺"四字，即所谓"持剑者风也，持琵琶者调也，持伞者雨也，持龙者顺也"，这是借汉语发音的演绎，并不准确，不过反映了农业民族对天气的依赖性而已。

56. 韦陀天（Skanda）

汉地寺庙山门正面塑布袋和尚，屏风背后是韦陀天，藏传佛教寺庙也有供韦陀的，藏语称"却苏仑"。

据说他是南方增长天王部下八将之一，在四天三十二将中以勇武著称，所谓"周统三洲住持为最"，是来回巡逻专门助护出家人的，所以又叫"三洲感应"（北洲佛经说没有出家人）。佛经中还说他因不受天欲，所以被称为天男。

中国佛教中又把他奉为守护伽蓝（寺庙）之神，因此，宋代后寺庙中就开始塑韦陀像。

他的形象一般是金色铠甲，双手合十，金刚宝杵横在两肘之间，下着毡靴直立（也有双腿垂坐式的）。另一种姿势是左手握杵拄地，右手叉腰，左腿略向前迈。

韦陀天

57. 毗沙门天（Vaiśravaṇa）

在藏传佛教中对四大天王并不一视同仁，而是对北方多闻天王（毗沙门天）格外偏爱，藏语称为"结钦塞"，蒙古语叫"那木斯莱"，往往把他单提出来另外供奉。

毗沙门天身色金黄，浓眉大眼，蓄着两撇上卷的小胡须，有些西域人的味道。右手持一顶黄伞盖，和汉族地区天王拿着雨伞不同，左手抱着一只大鼠鼬，鼠的嘴里还吐出一串像葡萄一样的宝珠，骑在一头绿鬃卷毛白狮子身上。

他原是古代印度教中的财神库贝拉（俱毗罗），别名施财天，既是北方守

毗沙门天

土大将，又是财富之神，所以早在唐代的画幡中就画有他渡海行道之际，脚下散布有金钱财宝、前后天人簇拥的景象，确实很有气派。

至于他手中那只鼠鼬，也有不同的解释。传说唐代天宝元年（742），安西城被吐蕃兵围，于是唐玄宗请密教高僧不空法师诵《仁王经》，请毗沙门亲自带兵下界救援，夜间毗沙门天王在城西北角出现，大放光明，又有金鼠出现，咬断了敌军弓弦，神兵穿金甲，击鼓声震三百里，地动山崩，致使敌兵大败。玄宗因此封毗沙门为军神，命令各地在城西北角建塔供置天王像。

在藏传佛教中则认为天王手中的伞一转动就可以落宝，那只鼠鼬可以侦知哪里有财宝，指引人们得到财宝。因为鼠鼬能降伏蟒蛇，宝贝一般都密藏在深山幽谷之中，但那里往往有大蟒蛇守卫，须用鼠先降伏蟒蛇，所以藏传佛教寺庙中的金鼠鼬嘴里确实总含有一颗宝珠或吐出一串宝贝。

藏传佛教寺庙中还有这样的说法，即天王圆睁双目，紧闭双唇，表情需介于忿怒与威严之间；嘴巴必须永远紧闭，不能张开，否则就要生病，这也算是一种病从口入理论的形象化宣传吧！

四、其他

1. 黄财神（Yellow Jambhala）

藏传佛教的财神爷，统称为"赞布禄"，也称官毗罗，即财宝神，在"赞布禄"后面加上"斯日布"，意即黄财神。财神共五位，颜色和坐骑都不同，也可以没有坐骑。

黄财神的形象和读音来自印度的财神"库贝拉"，印度马土拉出土有2世纪的库贝拉石雕，也是大腹便便、嘴有小髭的胖汉，不同之处是没有鼠鼬。

杭州飞来峰黄财神　　　　　　　　　黄财神

黄财神左手抱一只大灰鼬，鼬嘴里含着一颗大摩尼宝珠，右手托着宝贝。财神上身袒露，遍体金黄，舒坐在莲座上，左脚踏着一只白色大海螺，象征着摩尼宝。

在藏传佛教寺庙中还有不少位和财神有关的神像，但不论怎么变化，一般只要抱个大鼠鼬就多和财宝有关。

2. 白财神（White Jambhala）

布禄金刚也有好几种，白财神和黄财神的形象差不多，但全身是白色的，藏语读为"赞布禄嘎日布"，意思是白财神，也有称为水财神。

稍不同的是他的表情多少带些忿怒形，头发像火焰一样上竖，三目圆睁，嘴微张，有点含威不露的意思。左手持着三股戟，右手持一短棒，骑在一条

白财神

白财神

张牙舞爪的龙身上，仿佛身下有汹涌的海水。

为什么要骑龙呢？因为龙能入海，而龙宫中有摩尼宝珠及各种人间罕有的宝贝，所以凡是涉及财宝一类的造像，总离不开海洋、龙王、白海螺之类。而表示陆地上的财宝总要出现鼠鼬。

这尊财神人们也俗称为骑龙布禄金刚、水财神，作为小型的护法神，制作也较多。

3. 黑财神（Kubera）

这是财神爷的又一变化身，形象和前两种大同小异，所不同的是他的身色青黑，藏语称他"赞布禄那布"，意即黑财神。

黑财神有着衣的，也有裸体的，其脖子上挂着蛇索，左手抱一只大鼠，右手托一骷髅碗，双脚叉立在一个俯卧的男人身上。大概是比喻他"赤条条无牵挂"，一尘不染，一切无所碍障以降伏和冲劫尘网的污浊色尘吧！

以上各尊财神的原型，都是从古代印度的库贝拉财神演化而来的。

黑财神

黑财神

4. 护国天

在藏传佛教寺庙的护法神殿中还能看到所谓的骑狗或是熊的护法神，他的头发上扬，挂人头项链，腰间围短裙，左手托一只骷髅碗，右手拿一钺刀，骑在一条肥大的黑狗身上，狗在火焰中奔腾。那鞍子也是一张人头倒挂的人皮。

此形象梵文叫"塞拉巴拉"，意思是护国天，僧人们一般读为"恰拉哇拉"，至于他怎样护国，骑的黑狗代表什么，目前这方面系统的文章还没见到。但他的图样仍是从印度一带流入的。

5. 罗睺 (Rāhu)

藏语名"拉府"，即罗睺，是古代天文学中的九曜之一。他的形象很特

护国天

殊，有九头，人身，蛇尾，身上长满了眼睛，右手举一团蛇，左手持弓箭，脖子上挂着蛇项链，肚脐上又长着一张嘴，有点像《山海经》里以双乳为眼、以脐为嘴的刑天。

　　他是宁玛派崇奉的本尊。按照古代印度神话，诸神都饮用不死的甘露，所以长生不老。罗睺偷饮了甘露，被日神和月神告发，于是毗湿纽神就将他的头砍了下来。可是他吃了甘露，死不了，并由此而仇恨太阳和月亮，于是他攻食太阳和月亮，这样就形成了日食和月食。据说他的九张嘴里可以吞吐毒气，在画面中也可以看到他出没在云气中。

罗睺

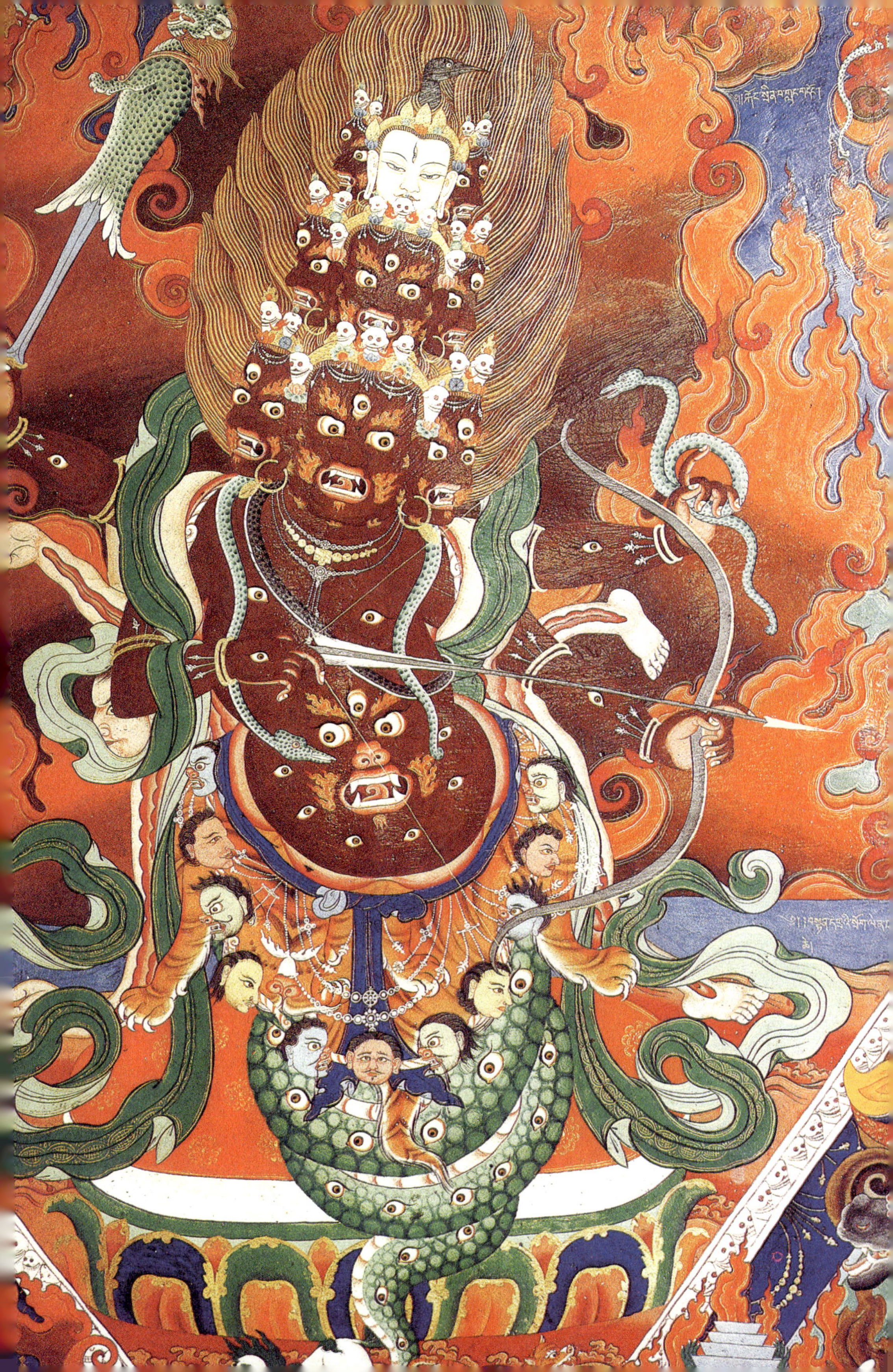

6. 墓葬主（chitipati）

藏语称为"契代巴代"，即墓葬主之意，也称为尸陀林主。

画面上是两具嶙峋的人骨架在跳舞，他们头戴骷髅冠，高举着骷髅杖，身上挂满了骷髅，脚下踩着象征财宝的大白海螺。背景是熊熊的火焰。

藏传佛教把他们作为天葬场的守护神，在护法神殿壁画上所见为多。

墓葬主

第三章 藏传佛教的各类佛像

墓葬主

7. 金翅鸟（Garuḍa）

藏语称为"嘎勒代"，佛经中所谓的天龙八部之一。天龙八部是：一天、二龙、三夜叉、四乾达婆（舞乐神）、五阿修罗（恶鬼）、六迦楼罗（金翅鸟）、七紧那罗（歌神）、八摩睺罗迦（大蟒神）。

金翅鸟的形象在佛像背光雕刻上见得最多。《造像量度经》中所记的绘制它的规格是：人面鸟嘴，牛角，腰以上人身，以下是鸟体。头面是青色，翅尾绿蓝交杂，两角间饰以摩尼宝珠，身上又有耳环项圈、璎珞臂钏，双翅展而欲举。

佛经中说它的翅膀是金色，所以叫金翅鸟，两翅伸展开可达三百六十万里，能用清净眼观察天海龙王宫殿，奋猛有力，看到哪条龙男女的寿命该尽了就分海下水而捕食之。所以画面上可以看到它嘴里和双爪正抓着一条扭曲的毒龙。

金翅鸟也是用来比喻佛具有慧眼，能观十方世界、五道众生，佛法可破除一切障碍，所向无敌的。

金翅鸟

8. 祖师像

藏传佛教寺院里的祖师像非常多，这些祖师大致可以分为三部分，即般若、秘密部以及菩提道的祖师。

般若部的祖师以古印度的龙树为首，还有无著、世亲等，其形象装束也都是髡发、袈裟的僧人形，没有什么太怪异的特征。例如把龙树、圣天、无著、世亲、陈那、法称这六位印度大佛学家称为六庄严，将印度的戒律大师功德光和释迦光誉为二圣，合称为六庄严二圣者。

以龙树菩萨为首的六庄严二圣者

萨迦派大成就者乌那巴

大成就者甘达帕

大成就者巴托拉巴

　　秘密部的祖师指的是那些所谓得了大成就或者说修炼瑜伽密法成功的祖师,形象大部分是蓄着胡须,披着长发,瘦骨嶙峋,以种种怪异的动作在修行。

　　菩提道著名的祖师有阿底峡、宗喀巴、班禅、达赖等,所见最多的是宗喀巴和莲花生像。

9. 莲花生（Padmasambhava）

莲花生梵文名"帕达玛萨瓦拉"，也称为乌金大师，他是8世纪时印度乌仗那（今克什米尔一带）僧人，应吐蕃赞普赤松德赞（755—797在位）之邀进藏，用法术战胜了苯教，宣称苯教的神怪皈依了佛教，并与寂护大师首建西藏第一座佛寺桑耶寺，被后世尊为宁玛派祖师。

他头戴红色尖顶帽，抱着骷髅杖，左手端骷髅碗，右手持金刚杵，跌坐在莲座上。形象还有印度人的特征，两绺上翘的小胡子，表情介于寂静与忿怒之间。衣服的颜色为上衣红色，下衣绿色，披着红褐色的袈裟。

莲花生大师

莲花生大师首建的桑耶寺

莲花生也有双身形的，拥抱着和他一起修法的女性身。莲花生是首次在西藏地区传播双身教法的。

莲花生还有八种变化身，多呈现如忿怒明王形，有一种常见的变化身是骑在老虎身上的忿怒金刚，藏语名"多尔吉卓禄"，他右手高举金刚杵，左手持一金刚镢，双脚站在一头张牙舞爪的斑斓猛虎身上。

将莲花生、静命、赤松德赞三尊画在一起，称为师徒三尊像。

10. 宗喀巴（Tsong Kha pa）

宗喀巴的像寺庙里最多，他头戴黄色的尖顶帽，双手做转法轮印，双手生有两茎莲花，花朵开在左右肩膀上，右边莲花中生有经卷或梵夹（印度式的经书），左边莲花中生有一支宝剑，这是宗喀巴像的明显标识，和文殊菩萨

宗喀巴的化身之一

的标识一样，据说宗喀巴是文殊菩萨转生来的。

宗喀巴也有八种变化身，如骑象、骑狮、骑虎的形象，据说是他的弟子梦见他的情形。有的化身像和宗喀巴面目截然不同，须仔细辨认。

宗喀巴常和二弟子贾曹杰和克主杰供奉在一起，也称师徒三尊像。

宗喀巴高踞树端，左上角和右上角是弥勒菩萨和长寿佛，其下为诸神佛、菩萨、护法、高僧、弟子等聚会，按阶次密簇簇地形成一棵大树形，称为聚会树。

聚会树

米拉日巴（噶举派）

11. 米拉日巴（Mi La ras pa）

米拉日巴（1040—1123）是后藏贡塘人，他为了修行教法曾在山洞中苦修九年，通过唱歌来招收弟子，被尊为噶举派的创始人之一。

他的形象很好识别，披着长发，上身袒露，右手放在腮旁，象征着正在唱歌。背景是怪石巉岩的山洞，表明他正在山洞苦修。

12. 那罗巴（Naropa）

那罗巴是噶举派祖师玛尔巴的师父，印度有名的高僧，被称为印度维库拉玛希拉僧院六大高僧之一（六贤门），是位密教祖师。《那罗巴六法》是他著名的教义著作。

他的画像塑像也经常能见到，是密教祖师形，赤身裸体，仅腰间围一条布或短裤，头发松绾，正坐在一张牛皮上，吹一支鼓角笛，双膝竖起，膝部套一根布带子，这在印度的一些苦行僧像上也可看到。

13. 罗汉（Arhat）

藏传佛教寺庙里的罗汉和汉传佛教寺庙里的罗汉大致相同，但个别名号有所增减。

罗汉是梵文阿罗汉的简称，原是古代印度小乘佛教（相对于后来的大乘佛教而言，注重自我解脱）修行的最高果位，类似学位之意。得到这个果位后，也就不会再有轮回之苦，除去一切烦恼，受到天人的供养。

罗汉（明代）

罗汉在中国经过千年的演变，到宋代时演化为十八罗汉，并已基本定型，各位的名字、排座次序也费了学者们不少的心血，从宋代大学者苏东坡直到乾隆皇帝都参与考订，总算是大致理顺了。这背后有许多烦琐的和不能自圆其说的理论就不去深究了。

不过我们仔细注意一下就不难发现，在藏传佛教寺庙的罗汉队伍里都加进了布袋和尚和达摩多罗，而总数仍是十八位，这里面的复杂演变过程还需详考。

明清时代汉族地区寺庙的罗汉像，无论是十八尊还是五百尊，绝大部分造型都呈中国风格，五官特征较平缓，性格刻画也呈一般化，已没有五代时的僧人贯休笔下的十六罗汉那样生动传神了，特别是贯休画的罗汉都是高鼻凹目的印度梵僧形象，而明清时的罗汉已逐渐变成中国人的面孔了。

但在西藏余寺庙里贯休画的罗汉仍然备受偏爱，许多壁画、唐卡上的罗汉仍取贯休的罗汉为底稿，例如青海塔尔寺的堆绣《十八罗汉图》即如此。在蒙古地区许多藏传佛教寺庙里还挂着杭州圣因寺贯休罗汉图的拓片，这也是汉传佛教寺庙和藏传佛教寺庙在罗汉图上的差异之处。

14. 达摩多罗（Dharmatrāta）

达摩多罗在罗汉像中容易辨认。他常常梳着高髻，披着长发，穿着大袍，背后有一个书箱，箱上还支着一柄曲杆遮阳伞，手中拿一个拂尘，像个取经的学者，使人很容易联想起陕西长安兴教寺所藏的玄奘取经图。

在他前后总离不了一只老虎，又和十八罗汉中的伏虎罗汉发生了联系，据日本学者秋山光和考证，这个图形应是从玄奘取经图变化来的。如在敦煌莫高窟发现的唐代帛画上就有龙虎随行的行脚僧图。

内蒙古美岱召壁画中的达摩多罗

第三章 藏传佛教的各类佛像

达摩多罗

15. 布袋和尚

布袋和尚即俗说的大肚弥勒佛,藏语称为"化生迦勒布"。"化生"或"化香"即汉语"和尚"的发音,意思也是布袋和尚。

在中国人著述的佛书《布袋和尚传》里说他是五代(907—960)时明州奉化(今浙江奉化)人,名叫契此,相貌丑陋,举止邋遢,高额头、大肚皮,疯疯癫癫,随处乞食坐卧,常扛着一根竹竿,上面挂着破口袋,一卷破草席。因他常在闹市街巷随意乞食,不忌酒肉,吃剩下的往袋里一塞,所以人们又都叫他布袋和尚。

明三彩布袋和尚

他举止怪异，常说些令人似懂非懂的偈语。临终时，在岳林寺的东廊下端坐，口中说偈语："弥勒真弥勒，分身千百亿，时时示时人，时人自不识。"说完安然而化。其偈语自称是弥勒佛的化身。

此后人们就把他的形象也塑在山门内供奉起来。这种弥勒像是五代末才出现的，到了宋、元、明、清一直供奉不衰。

布袋和尚在民间很受人喜爱，人们又在他身上加了几个胖小子，俗称五子闹弥勒，一些不能生育的妇女也来向他求子。

明清时候，许多塑造者又给他头上加戴了天冠，成为天冠布袋和尚，似乎他就是弥勒佛。

日本人对布袋和尚也格外喜爱，把他奉为七福神之一。

藏传佛教寺庙中本来是不供布袋和尚的，明清以来，由于受汉地寺庙的影响，也有在山门供布袋和尚的，例如雍和宫。

除了在山门供布袋和尚外，大部分藏传佛教寺庙是把他作为十八罗汉之一供奉，这是和汉族地区十八罗汉有出入的地方。此外，在壁画和唐卡中常能看到布袋和尚像。

关于布袋和尚，《明朝小史》中还有这样一则小故事：

说朱元璋皇帝曾到一个破庙去游览，但寺内外空无一人，只见殿内墙上画了一尊布袋和尚，墨迹还很新，似乎刚画不久，旁边还题有一首诗：

大千世界浩茫茫，收拾都将一袋藏。
毕竟有收还有散，放开些子又何妨？

这是讽刺朱元璋为政太严酷的，希望他对人民宽待些，朱元璋急忙命令搜人，但却没有找到。

第四章 佛像的手印、标识、坐姿、台座、衣饰等

一、手印

我们到寺庙判断一尊佛、菩萨等，除了看固有形象外，还要凭借那手印、标识、坐姿及其他的附属装饰物来综合考察。这些在佛教中统称为威仪或庄严。

在《陀罗尼经》中说，诵咒有种种印法，如果做手印诵诸咒法，易得成就。密宗主张修习者要"身""口""意"所谓"三密相应"才能成佛。身密，即包括手印和坐势要和所修的本尊的姿势一样；口密即口中要念诵所修习本尊的咒语；意密，即思想与意念要与所修本尊一致。

常见的手印如下。

降魔印

1. 降魔印

前面说过，这是释迦佛降伏魔王波旬后，右手下垂指向地神，请地神为这一切作证的手印，也叫指地降魔印。

2. 说法印

右手掌在胸前，掌心朝外，左手拇指、食指扣成环形，做划策指示

说法印

状，也叫转法轮印。

3. 大成法轮印

双手在胸前，拇指和食指相扣，像转法轮一样。

4. 施无畏与愿印

右手当胸竖立，告诫众生不必害怕，为施无畏印，左手掌心向外，为满足众生的愿望，叫与愿印，造像中常将这两种手印结合在一起，称为施无畏与愿印。

禅定印

5. 禅定印

双手在膝上平行叠放，阿弥陀佛（或长寿佛，前已说过藏传佛教中阿弥陀佛与长寿佛的区别）专用。

6. 合掌印

双手相合最为常见，密宗造像双手中多持有金刚镢等法器。

7. 智拳印

两拳放在胸前，左拳包于右拳中，二手食指并竖，食指尖相合，是毗卢遮那佛（大日如来）专用的手印，也称为最上菩提印或毗卢大智印。

智拳印

8. 拔济众生印

右手做施无畏印，左手大拇指和食指相捻，其他的三根手指竖立，位于胸前，掌心向外。不空佛常用此印，表救度众生。

9. 期克印

中指和无名指与大拇指相触，食指和小拇指跷起，这种手印是忿怒明王、护法最常用的，所以又叫忿怒印或禁伏印。

10. 金刚吽迦罗印

两手各结期克印相交叉于胸前，手中往往还握有铃杵，也是忿怒明王或持金刚最常用的手印。

11. 授记印

右手做施无畏印，左手持袈裟一角在胸前，称授记印。

12. 四摄印

两手掌心向外交叉，两小拇指相勾，中指和无名指弯曲，大拇指和食指竖起。

不过，手印虽然繁多，各经记载也大同小异，记住这几种也差不多够用了，在绘制佛像时如不清楚各佛的手印也没太大关系，按《造像量度经》的说法，传统的五种手印是一切手印的总纲，即降魔、与愿、施无畏、智拳、禅定这五种，如有不清楚的地方，可任选其中之一。

绘制手印也有要求，即手指必须柔顺，一一相随如新开花瓣，不宜做得生硬碍眼。

二、标识和持物

在各类佛像的头顶上、肩上、冠饰上也往往有法轮、水瓶、金刚杵、金刚铃等各种法器以标明其身份，这些小道具通称为标识。标识在手里时，可称为持物。辨别一尊佛、菩萨、明王叫什么名字，先不要急于下结论，仔细地看看他头顶上、肩头上或手里有什么小标识、持物或持什么手印，就比较容易辨认了。

如前面所述，文殊菩萨和班禅喇嘛、宗喀巴大师的标识都是宝剑和经书，以表智慧，观音菩萨的宝冠上的标识是化佛，弥勒菩萨的冠中有时有宝塔等，这些标识也是判断佛名的重要依据。

各种佛像的手里很少有空的，都要有各种法器，如铃、杵、螺、碗、鼓；兵器是刀、枪、剑、戟、斧、钺、钩、锤等，十八般武器样样俱全。此外还有鼠、鸟及麦穗、葡萄、柳枝等动植物。各种持物都不是随便加上的，而是象征着特定的佛理。

持这些小标识的手也称为某某手，如化佛手、绢索手、杨柳手等，它们也代表着许多含义。将这些文武标识集于一身的最典型的是四十手臂的千手观音，现将观音的各手所持物及含义略述如下：

1. 右翼二十手（从上往下依次排列）

（1）化佛手　托释迦佛像，得授记。

（2）如意珠手　如意珠是转轮圣王的七宝之一，观音持此象征财宝无量，可以普雨财宝。

（3）日精珠手　也叫日摩厄手，日珠十天上宫殿的火珠，可治眼疾。

（4）青莲手　持青莲花，象征可往生十方净土。

（5）锡杖手　持锡杖，表发善心。

（6）金刚手　持金刚杵，降魔障怒敌。

（7）宝剑手　断烦恼，表智慧。

（8）持钩手　象征将魔障钩召到佛智。

（9）白拂手　除障难。

（10）次手和左翼第十手合掌　合掌手，表礼敬众生，对虎、狼、狮子及各种非人都加礼敬。

（11）宝瓶手　宝瓶也叫军持，据说在梵天世界里，一切均可收入瓶中。

（12）宝山手　象征入宝山得财富或财富如宝山。

（13）骷髅手　降伏鬼神。

（14）梵箧手　或叫宝经手，集一切如来之智慧。

（15）斧钺手　离官难。

（16）金刚钩手　降伏龙神。

（17）施无畏手　离怖畏。

（18）宝印手　持玉印，口业巧妙，可得到诸佛的语印。

（19）戟鞘手　持枪或戟鞘，除逆贼。

（20）跋折罗手　持金刚交杵，降魔逆。

2. 左翼二十手（从上往下依次排列）

（1）宝殿手　手托小宫殿，生生世世不坠人世，而生天上宫殿。

（2）宝箧手　可得地下宝藏。

（3）月珠手　手托月精珠，也叫月摩厄手，珠是月宫里的水珠，可除热病。

（4）红莲手　手托红莲，可转生诸天。

（5）钵盂手　持钵盂或胡瓶，意思为得和合，与眷属团圆。胡瓶是鸟头瓶，据说是转轮圣王身前自置之物。又因雪山北有胡国，其国人是金翅鸟形，所以做成鸟头瓶。

225

十一面千手观音（据日本图像）

（6）金刚铃手　或叫宝铎手，得佛之法鼓雷音，祛魔邪。

（7）榜排手　或榜牌手，手中持盾，上有龙鬼形象，可除兽难。

（8）羂索手　缚魔障，得安详。

（9）杨柳手　除病难，据说当年毗舍离城疾病流行，观音以柳枝普洒净水以除病疫。

（10）同右第十手。

（11）宝镜手　开慧眼，以大圆智镜，一切智分明。

（12）玉环手　可得到男女仆人役使。

（13）白螺手　召善神，召集诸天神灭灾难，据《造像量度经》说，螺纹必须右旋，左旋螺也叫逆转螺，或叫凡螺，不为贵，法会也不罕用，据说螺死后还转生螺，连续转生五次，就变成右旋了，叫作仙螺，也叫顺运螺，可得大吉祥，世间罕有。

（14）五色云手　白色代表精进，黑色代表禅定，青色代表智、戒、定、慧。

（15）莲花心手　持莲花心蕊，代表观音智。

（16）金刚镢手　降伏魔障。

（17）持穗手　五谷丰收，代表成果、成就。

（18）葡萄手　代表成就、成果。

（19）钢叉手　逢善友。

（20）黄莲手　功德圆满。

以上各手持物与实际画面有时不绝对一致，这是因为各经译本记载有所不同而导致的，大致能对上号就可以了，只要有经典依据都不能算错。

227

三、坐姿

佛教中把行、住、坐、卧四种姿势，称为四威仪，常见的坐姿也要知道一些，在没有文字可做依据的情况下，坐姿也是判断佛名的依据之一。

1. 结跏趺坐

这种姿势多见于佛、祖师等，菩萨也可以用。两腿屈盘，足掌朝天，俗话叫盘腿打坐。

但要注意，凡是以右脚先压在左腿上，然后以左腿从右腿下伸在右腿上的，叫作右押左。手也是右手高于左手，叫降魔坐，也称金刚跏趺坐。常见的释迦佛及祖师等多是这种坐姿。

如果将左右腿交叉的顺序倒置，则称为吉祥坐或菩萨跏趺坐，据说释迦在菩提树下成佛时即是这种姿势，但这种造像所见较少。

2. 善跏趺坐

也叫倚坐，在藏传佛教中几乎是弥勒佛专用的坐姿。《造像量度经》中说："坐高座而两足下伸者，谓之善跏趺。"

3. 游戏坐

也叫大王游戏坐，一腿屈盘在座上，一腿下垂着地，例如常见的观音菩萨常在岩石上这样休憩。

4. 莲花跏趺

两腿舒展交叉，宽松地屈盘，也叫半跏坐。

5.轮王坐

一腿屈盘，另一足交叉，膝盖微竖。

6.交脚坐

两腿交叉，膝头竖起，交脚弥勒即这种姿势。

7.左右舒坐

两足不交叉，右腿屈盘，左腿微屈，称左舒坐，反之称右舒坐。如绿度母即是右舒坐，骑狮的多闻天王即是左舒坐。

8.左右展立

站立姿势，右腿微屈，左腿外展，称左展立，反之为右展立，威德金刚即左展立。

9.舞立

站立如独脚舞，左腿屈而右腿独立，也叫丁字立，反之也可，总之均以一脚着地。如喜金刚、狮面佛母均是。

10.跪立

一腿跪在座上，另一腿屈膝而立，介于坐立之间。如不动明王常取此姿势。

四、顶严和相轮

佛经说，如来顶上有肉髻，一切人天不能见，所以又叫无见顶相，属于三十二相之一。这个肉髻，佛经赞美为高显圆周，犹如天盖。

历代的佛像，在表现肉髻时，风格也不太一样，有时高耸，有时低平，都是顶上有一个肉髻而已。

可是藏传佛教中的佛像，在肉髻上又要加一层或多层标识，称为顶严，顶严或是佛头，或是宝珠、金刚杵等，也是用来表明佛理的，至于东南亚地区的佛肉髻高耸如宝塔，上面有的还加相轮。

带顶严的佛发

例如五方佛，在每位佛的肉髻之上又加了一个金刚杵，按《造像量度经》的要求，五佛顶严，各做五股金刚杵，以具五部之义，也可以做成摩尼珠顶。

大威德金刚虽然脑袋上有好几层怪脸，但最上端的那个阿弥陀佛头也是顶严，表明威德金刚是阿弥陀佛的化身。

我们注意藏传佛教寺庙的造像，佛的发髻加起来共三层，极少有两层的发髻。

明清以来，由于宫廷中也有藏传佛教的僧人活动，明清宫廷造办处（明代称为御用监"佛作")也制作了许多适应藏传佛教地区用的"梵式"佛像,所以汉族地区,特别是北方如山西、河北等地的佛造像也受到了藏传佛教风格的熏染,不少佛像也制作得清丽秀美,肉髻之上又有顶严。

顺便再提一句,汉族地区绘制的佛像,手掌的颜色和身相是一样的,但藏传佛教的壁画、唐卡上,释迦佛的掌心都画成玫瑰红色的,佛经上也记载,释迦佛的手"开敷如莲华",所以才有这样的风格和画法。

佛经上还说,释迦佛的手心和脚心上有千幅轮相,即生有法轮纹样,因此,在一些雕塑佛像上,其掌心和脚心上往往刻有法轮图案。

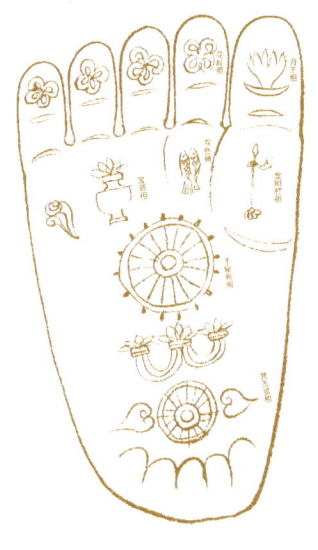

佛足上的吉祥图案

五、台座

1. 莲花座

佛、菩萨所坐的台座,也称为莲花座,它因时代和地区以及教派的关系造型也不太一样,台座平面一般呈椭圆形,象征着太阳,叫日轮,日轮的外面有莲花瓣围绕,中间部分束腰,边缘有连珠环绕,上层的莲花花瓣朝上,称为仰莲;下层莲瓣朝下,称为覆莲。

也有的佛像莲座只有一层仰莲或覆莲，是低于佛的级别的诸神用的。

2. 生灵座

有的明王、护王等脚下踏着象征邪魔或异教的鬼怪，这类台座称为生灵座。

3. 鸟兽座

以狮、金翅鸟、鹿、象等动物为坐骑称为鸟兽座。前文中多闻天王、文殊菩萨等例子很多。以五方佛来说，毗卢佛狮座，喻勇猛；阿閦佛象王座，喻大力；宝生佛马王座，喻神足；阿弥陀佛孔雀王座，喻自在；不空佛鹏鸟座，喻无碍相。

六、大饰和小饰

衣饰等也属于庄严器具，具有佛的规格，可以享用八件宝饰为庄严，这八件是：1.宝冠，也即五佛冠；2.耳环；3.项圈；4.大璎珞；5.手钏及手镯；6.脚镯；7.珍珠络腋；8.宝带。

这八件宝饰也称为大饰。

菩萨一级的不穿上衣，袒露上身，上有璎珞花饰、项圈。下裳为长短杂色重裙。头发或绾成高髻，两旁有垂发；或戴莲花冠，左右下垂宝带。戴脚镯，

小饰装束的度母

镯上有碎铃环绕。总之，装饰品比较轻松随便，因此叫作小饰。

七、仁兽

饰有仁兽的莲花手观音

在佛、菩萨们袒露的上半身上，有一条从左斜披到右的布帛带，称为络腋，有时观音或菩萨形的弥勒身上披着的不是布帛，而是一张下垂着头和四爪，像张灰山羊皮一样的东西。这种小灰兽佛经上称为仁兽。

据《造像量度经》说，它形似小山羊，但毛薄而短，颜色微黄，腰脊有一条纯黑纹，所以也称为黑脊。它的皮毛很珍贵，藏族等少数民族过去常以它作为贡品。它的天性非常善良，常舍己救人，所以人们捕捉它时，不用带什么围猎工具，只要两个人拿刀枪到树林中，看到仁兽就在它附近假装格斗，喊叫对骂，争得不可开交，这仁慈的小家伙看见后会以为这二位真的要打起来了，就会跑上前去劝架，站立在二人中间怎么赶也不走，人们就可将它捕获了。

这种动物皮毛只有观音和弥勒一级的大菩萨才有资格披，在佛铸像和唐卡画像上有时能发现，倒也是一个鉴别佛像神格的依据。

第五章

寺庙的供物、法器、吉祥图案等

一、供物

藏传佛教内的各种法器、供器等繁多，大致可以分成六大类，即：

礼敬类 袈裟、项珠、哈达等。

咏赞类 钟、鼓、骨笛、六弦琴等。

供养类 供台、水盂、花笼、花盖等。

持验类 念珠、木鱼、金刚杵、磬、灌顶壶等。

护摩类 护身符、秘密符印等。

劝导类 刻有或写有六字真言的转经轮、转经筒、嘛呢石等。

1. 六字真言

在藏传佛教寺庙的建筑檐枋的彩画上，天花板图案上，门框上和大大小小宗教器具上到处可以看到六个梵文或藏文的字母（蒙古地区庙宇还能看到八思巴文字），这就是藏传佛教内最尊崇的一句咒语之一，称为六字真言。

这几个字汉语读音是唵（weng）、嘛（ma）、呢（ni）、叭（ba）、咪（mi）、吽（hong），密宗认为这是秘密莲花部的根本真言，也就是莲花部观音所说的真实言教，所以也称为六字真言。

"唵"表示"佛部心"，念这个字时，身体要应于佛身，口要应于佛口，意要应于佛意，也就是说要身、口、意都与佛成为一体，才能获得成就。

"嘛呢"二字梵文的意思是"如意宝"，表示"宝部心"，这个宝贝又叫嘛呢宝，据说它隐藏在海龙王的脑袋里，如果得到这个宝，入海就会有各种宝贝前来会聚，进山则各种珍宝也能无所不得，所以又叫"聚宝"。

"叭咪"二字梵文的意思是"莲花"，表示"莲花部心"，比喻佛法像莲花

嘛呢石

刻有莲花生像的嘛呢石

一样纯洁。

"吽"字表示"金刚部心",是祈愿成就的意思,即必须依靠佛的力量才能达到"正觉",成就一切,普度众生,最后成佛的境界。

日本学者长尾雅人认为,"唵"字和末尾的"吽"字本身没有什么意义,只是感叹词,能够解读的意思不过就是"如意宝啊,莲花哟"!是一句没有念完的佛经,或者说是一句简短的咒语,表现出赞叹观音,希望发财,憧憬幸福的心情。

藏传佛教内将这六个字看成是一切经典的根源,循环往复不断念诵,即能消灾积德、功德圆满而成佛。

因此之故,这句简短的语录可以说是触目皆是,大到摩崖石刻,小到椽头瓦当图案乃至手中的嘛呢桶,都是这六个字母,给人以强烈的宗教气氛。

和嘛呢咒相关的还可以列举很多,如嘛呢石、嘛呢旗、嘛呢桶、嘛呢幢等,不一而足。除了大量地刻写绘制外,僧人们或老年牧民们时时刻刻喃喃念叨的也是这句话,表现出对幸福的憧憬和对观音的崇拜。

藏传佛教寺庙里每年还有一个重要的法会——"嘛呢法会"也是专门为祈颂观音而举行的。

嘛呢法会

嘛呢法会

按《造像量度经》的要求，这些咒语字母最好用梵文书写，因梵字是从梵土而来的，无论见者、闻者、读诵、礼拜、供养、右绕都能获得利益。如不熟悉梵文，那藏文、汉文也能代替，不过是退而求其次罢了。

嘛呢法会

2. 嘛呢堆和嘛呢旗

在蒙藏地区的山口路边还常可看到用石块堆积而成的圆锥形石堆，有的可高达二三米以上，这种石堆里边也有经咒、佛像等，信徒们路过时，都要随手往上添加石块，那石块上也有的刻画着佛像、经咒。在西藏地区，还习惯将一对巨大的牦牛角也奉献在这里，角上也刻有经咒，上面还系有各色哈达。

在蒙古地区，这类石堆蒙古语称为"鄂博"或"敖包"，汉语称为"脑包"。它本来是旗界、牧场、畜点、营地的分界标志，起源大概也很古老了，应该是藏传佛教没传入之前就有的东西，大概是由于藏传佛教的传入，使这几种功能都相互融合了，在没有石块的广袤草原上，牧民们往往用枯树枝堆积成一个大鄂博。

在这些嘛呢堆或寺庙顶上、毡包顶上又往往竖立着嘛呢旗，它用各色布条写上六字真言等经咒，捆扎成串，用木棍挑起来，竖立在那里，称为嘛呢旗。

嘛呢堆　　　　　　　　　　　　　　嘛呢杆

牧民们路过这些地方，都要下马致意，顺右转一圈。蒙古地区每年秋天还要隆重地举行祭鄂博活动。

3. 嘛呢桶和转轮藏

在寺庙的廊下等处经常可以看到一排排直立的圆木桶或铜皮做成的圆桶，高一两米，木制的多为大红色，上面刻写着六字真言，外有木框，上下有轴，用手轻轻一推即可转动，藏语称为"古拉"，因它面上写有或内装有嘛呢咒，一般人也称为嘛呢桶。

它的数量不限，小殿宇廊下有三五个，大的殿宇回廊四周可有数十百个一圈环绕。到了法会时，各地来观瞻礼拜佛寺的僧众依次从转桶旁经过，都要用手推动一下轮桶，数十百个轮桶一齐转动，嗡嗡之声不绝于耳，很是壮观。

这些轮桶里边是空的，内装各种经卷，用手推动一圈，即表示将佛经念

241

西藏的寺庙和佛像

嘛呢轮从不离身的牧民

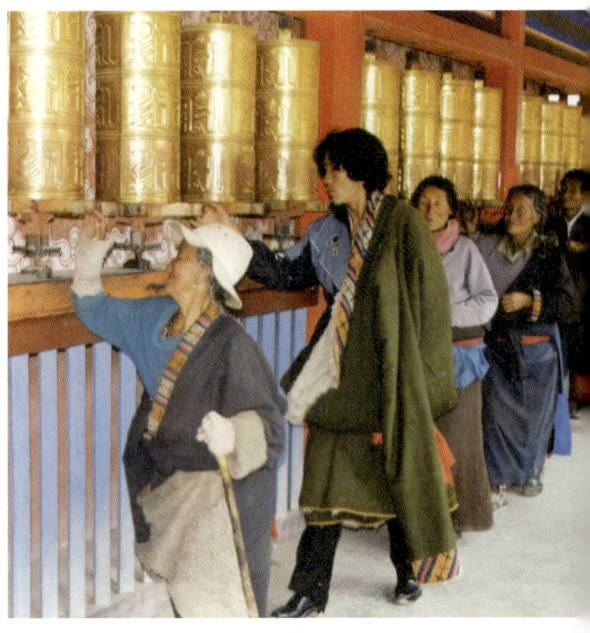

转经的信众

嘛呢轮

了一遍，与诵读同功。这些桶转动的方向必须是从左向右，也即顺时针方向转动。

除了这类大型经桶，还有小型的嘛呢轮，是用银、铜等金属打制的，上刻真言及浮饰图案，下有手柄，很是精美。桶上还缀有小索坠，用以增加它转动时的惯性。信徒们一般右手持嘛呢轮，左手持念珠，特别是老年人，手中转动，口中念念不停，在蒙藏地区常可看到。

嘛呢桶还有利用风力来转动的，一般是安装在屋顶、毡房顶上，用木制或是纸制的。还有水力推动的，甚至还有利用烛火使其像走马

嘛呢轮　　　　　　　　　　水力转动的嘛呢轮

　　灯一样转动的，总之凡是能使嘛呢轮转动的一切动力都充分利用到了。

　　和嘛呢桶的意义相同的器具在汉地寺庙也有，称为转轮藏（音 zàng），只不过它的外形不是圆柱形，而是类似一座宝塔，也是上下有轴，可以转动。因内中装藏经，所以称为转轮藏。宋代李诫著《营造法式》里还记载了转轮藏的详细尺寸要求，是八棱形的，有的寺庙还在这八面龛中塑了八神将像，也有的塑一尊供奉鲜花的将军像。

　　转轮藏是南朝梁名叫傅翕的居士（字玄风，497—569）发明的，他鉴于老弱妇孺不识字，无法读佛经，于是将经律论三藏经典（也有加上杂藏的，共称四藏）放在这转轮藏的各格中，令信者一推，即与颂读同功（《释门正统塔庙志》)，傅翕也因此被人尊称为傅大士，后来他也舍弃田宅，带着两个儿子出家，法名"善慧"。

扎什伦布寺旁的嘛呢轮

在汉地寺庙里还有专建转轮殿的,也有供傅大士像的,身旁还有两个小童子,表情欢愉,被俗称为"笑佛",这就是傅翕的两个儿子,左边的叫普建,右边的叫普成。

在北京颐和园万寿山上也有转轮殿,内中木制的轮藏很高大,轮藏下有地下室,当皇帝、太后要用手扶动时,地下室里也要有人配合推动,皇帝等只轻轻用手扶一下就表示念过这经了。

4. 曼荼罗

在寺庙的天花板、壁画、帛画上等画有圆形、棱形、八角形的各种图案,此外还供有各种立体的铜铸或木制的小宫殿一样的模型,这是什么含义呢?

我们知道,显宗佛教注重理论,将佛理用理论系统地阐释出来。而密宗最注重事相,也即是说侧重于用图像、图解、模型之类显示佛理,这种图示就是"曼荼罗"。

曼荼罗

"曼荼罗"是梵文的音译,意思是"坛""坛场"。藏语称为"吉廓"。

早期曼荼罗是古代印度密宗修法时为防止魔众侵入,在修法场地筑起的一圆形或方形的土台,国王即位或剃度僧人均在台上举行仪式,邀请过去、现在、未来诸位神佛亲临作证,并在台上绘出他们的形象。以后逐渐演变和发展出多种形式和类别的曼荼罗。

例如,在显宗中"转识成智"这个教理,在密教中就用五方佛来表达,认为只有接受大日如来(毗卢遮那佛,也是释迦佛的法身)的五种智慧才能成佛,这五种智慧密宗就用五位佛像来表示,或画五尊佛,或铸五佛团坐像,或用代表五佛的五个梵文字母组成图案,甚至造一座五塔,都可称为曼荼罗。当然这只是五佛五智曼荼罗,代表其他佛理的曼荼罗还很多。

曼荼罗可分为四种形式:

长寿佛曼荼罗

用色粉制作曼荼罗

（1）大曼荼罗

用代表地、水、火、风、空的青、黄、赤、黑、白五种颜色，分区域绘画神佛的形象，表示他们前来聚集。

（2）三昧耶曼荼罗

不画出神佛的形象，只绘出他们所用的珠宝、金刚杵、刀剑、法轮等，用这些法器组成图案。修行者看见这些道具就如同看到某尊佛一样加以膜拜和观想。

（3）法曼荼罗

不画佛的形象也不画他们所持的道具，只写出他们梵文名称的第一个字母代表，修行者看见字母就如同看到佛一样。

前三种形式的曼荼罗都是平面的。壁画、唐卡和殿内天花板上的曼荼罗图案都是这一类。

（4）羯摩曼荼罗

即立体曼荼罗。一般是用青铜或木头制作，根据修法者供奉修习不同的本尊而有不同的形式。

这种立体的曼荼罗，像前面介绍过的五塔寺、承德普乐寺的阁城都属于这类曼荼罗。

在普乐寺旭光阁内也有一座高大的木制曼荼罗，由三十七块方木头组成，

羯摩曼茶罗

上供铜铸的胜乐金刚像。

内蒙古五当召内也有两座铜铸曼茶罗，它们是歇山式的古建筑，下有城墙环绕，城墙四面有金刚交杵，宫殿的栏杆、台阶、瓦脊、兽头、花饰等非常精美可爱，游人们一般俗称为"铜城"。

曼茶罗除了绘制在布帛、天花板上以外，还有的是在作法时画在地面上的，绘画时也有一套仪轨要求。如《陀罗尼集经》即记载，先要用香水泥地作坛，画师们还要沐浴、斋戒，不吃五辛酒肉之物，坛上要支帐，鸣奏种种音乐，四方供饮食果子以供养阿弥陀佛，画师身着白净衣，用彩色粉和安息香等香料作画。

在地上或木板上绘曼茶罗还有用各种颜色粉漏印制而成的，将色粉装入尺余长的金属管子内，管端有一小孔，画师一手持金属管，另一手用一小棒摩擦管子，通过振动将色粉漏下来，用不同的色粉组成曼茶罗图案，色彩非常艳丽丰富。法会结束后，这坛也就毁弃不用了，将这些色粉收集起来，让它们随流水漂逝而去。

羯摩曼荼罗

佛教认为宇宙有二十八层天，欲界六层，色界十八层，无色界四层，但只有时轮金刚坛城不在天上，而在地上的"香巴拉"国，所以人多愿转生到时轮金刚坛城。这种用色粉漏印制而成的坛城也多是时轮金刚坛城，所以也叫"尘色坛城"。

5. 吉祥八清净

在藏传佛教寺庙中常见的吉祥图案是轮、螺、伞、盖、花、罐、鱼、长，称为吉祥八清净，也即俗称的八宝图案。

（1）轮

轮就是法轮，像个圆形的车轮一样，古时候在印度，轮也是一种兵器，后来佛教吸收为法器，象征着佛法永不熄灭，像轮子一样旋转不停，也就是说佛法不停留在某人某地一处，而是到处传播。所以寺庙的墙壁上也常写着"法轮常转"，即是这个意思。

法轮一般都制成八根辐条，以象征释迦一生传教的八件大事。

在寺庙的屋顶正中往往都安装着铜制鎏金的法轮，左右各有一伸颈俯卧的金鹿，这是象征着释迦在鹿野苑（今印度比哈尔邦瓦腊纳西城西北十公里处）初转法轮，首次说法。《毗奈耶杂事》中有："刻转法轮象，两旁安鹿伏跪而卧。"汉族群众一般俗称为"二鹿听经"，这也未尝不可。

（2）白海螺

这是法会时吹奏的一种乐器，按佛经说，释迦说法时声音洪亮，如同大海螺声一样响彻四方，所以用它来代表法音。在《大日经》中即有："汝自于今日，转于救世轮，其音普周遍，吹无上法螺。"就是这个意思。或者说叫"妙音吉祥"。

海螺一般都洁白莹润，表面光滑细腻。有的上面还雕刻有连续图案花纹，作为乐器使用时，还要附加上铜或银的饰件和吹口。

小的法螺也作为佛像、佛塔腹内的装藏之物。

但要注意的是，海螺外壳上的自然生长的螺纹也要自左向右旋，称为仙螺，否则不能作法会使用。但右旋的海螺据说极为罕见（见《造像量度经》）。

（3）白伞

伞在古代印度本来是贵族和皇室的象征，是贵族们出行时的仪仗器具，后来被佛教采用，象征着遮蔽魔障、守护佛法，即所谓的"张弛自如，曲复众生"。因此也是一种吉祥清净之物。

吉祥八清净

（4）盖

所谓盖即是幢，也叫尊胜幢，它不像伞那样可以曲张，而是呈圆柱形。幢本来是古代印度的军旗，佛教用来作为解脱烦恼，得到觉悟的象征。藏传佛教中认为它是"戒""定""慧"、解脱、大悲、缘起和脱离偏见的象征。所谓有十一种烦恼，只有尊胜幢才能将它们降伏。

尊胜幢也可制成铜的，外表鎏金，矗立在殿宇四角，上面浮饰着交杵、索子、双鱼、金翅鸟等图案，藏语称为"根其勒"，意义和用各种颜色的布帛制成的幢一样，均是吉祥厌胜之物。

（5）花

花即莲花，佛经上说莲有五种，颜色各不相同，但以白莲花最为高贵，所谓"出五浊世，无所污染"，是高尚纯洁的象征。

佛经中用莲花喻佛法的例子很多，如袈裟的异名又叫莲花衣，喻清净无染之意。五佛五智之一的阿弥陀佛的妙观察智又叫莲花智，佛菩萨的坐席称为莲花台等，非常之多。

（6）罐

罐就是水罐，由于汉传佛教和藏传佛教的不同，汉传佛教中的图案画的是个水罐形，但藏传佛教寺庙图案中所见到的是本巴瓶形，称为瓶。这个瓶作为吉祥八清净之一是净瓶，同时也是密宗修法灌顶时的法器之一。

瓶内装净水，象征甘露，瓶口插有孔雀翎或生有如意树，象征着吉祥清净和财运，或者说福智圆满，具空无漏。

吉祥八清静

（7）鱼

鱼也是这样，有画成金鱼形的，有画成鲤鱼形的，八吉祥中一般画成双鱼形。因为鱼是在水里自由游泳、自在生长的可爱动物，用鱼来代表得到解脱，是非常恰当的。

（8）盘长（吉祥结）

俗话叫"万字不断"，因它是个"卍"字，组织成盘曲的没有开头和结尾的图案。用它来表示佛法回环贯彻，求无障碍。

6. 七种宝

我们平时所说的七珍八宝，这八宝就是上文说过的吉祥八清净，为轮、螺、伞、盖、花、罐、鱼、长。七珍佛经也称为七宝，到底是哪七宝，各经也略有出入，《法华经·受记品》中是金、银、琉璃、砗磲（音车渠，即贝壳）、珊瑚、玛瑙、珍珠、玫瑰，也有的佛经加上玻璃和琥珀的，去掉珍珠或珊瑚，总之都是人间的稀有珍宝。

寺庙内常见有另外的七种宝，这七种宝或是画的，更多的是做成立体的供器陈列在供桌上。

按照《增一阿含经》和《大宝积经》等记载，转轮圣王有七种宝，这七宝是：

（1）轮宝，即法轮，意义已说过。

（2）主藏宝，也叫嘛呢宝，表佛法如宝藏，海螺形。

（3）妃宝，女性菩萨形，表去烦恼得净乐。

（4）大臣宝，文官坐像，表智慧理性。

（5）象宝，一头白象，背驮宝珠，表佛法大力，佛法远扬。

（6）胜马宝，白马，身带鞍缰，表吉祥消灾，一帆风顺。

（7）将军宝，一持兵器的武士像，表护持佛法。

吉祥八清静

七种宝

　　这七种宝在寺庙常见到，有用金、银、铜、珐琅制作和木雕的，制作非常精美。
　　寺庙里还供有另一类七种宝，它们是剑、虎皮、坐垫、供佛水、袈裟、佛殿和轮子，一般常见是画在唐卡上，那意义也不外是佛法弘扬、吉祥如意等。

7. 六拏具

在许多木雕、铜的佛像背光上，都能看到祥云卷草和各种吉祥动物组成的图案。这些动物可以归纳为六大类，称为六具。

按照《造像量度经》的记载，六具是：

(1) 伽噌拏，汉语为大鹏，是表慈悲之相的；因梵文慈悲和大鹏鸟的发音相似，所以用大鹏表示慈悲。

(2) 布罗拏，汉语为鲸鱼，图案上表保护之意。

(3) 那罗拏，汉语为龙女，表救度之相。

(4) 波罗拏，汉语为童男，表资福之相。

(5) 福罗拏，汉语为兽王，一般画成狮子，比喻自在相。

(6) 救罗拏，汉语为象王，意为善师。

因这六件饰物词尾都带拏字，所以也叫六拏具。

在北京居庸关元代的过街塔石券门和南京大报恩寺石券门上，以及呼和浩特五塔寺券门、北京五塔寺券门上都可以看到这六拏具的浮雕图案。

居庸关云台的六拏具

西藏的寺庙和佛像

北京五塔寺的六挐具

北京五塔寺的六挐具

8. 七种供养

在佛堂供案上的供品也是有一定规律的，在铜制的盅里放入清水、柱香、饭食等供品，一般是七个，其排列顺序和供品在蒙藏地区也大同小异。

供水灯藏语称为曲丁，供油灯称为曲贡，将七个配成一套称为七种供养。顺序是水、水、花、香、灯、茶、饭。也有称为二水和五受用。

据说这象征着释迦成佛前四处游方，化缘投宿到施主家，主人要先端上两盆水，做洗脸、洗足用，然后奉献鲜花和香料，再奉献灯烛请释迦讲经说法，最后献茶进饭。以后演化成为供佛香案上的象征性的供品。

这些供品是用酥油捏成的尖锥形，上附花饰，香是柱香，裁成数十厘米一段，一捆捆竖立。

二、法器

1. 金刚杵

金刚杵梵语叫伐折罗，原来是古印度的兵器之一，后来被密宗吸收为法器。印度古代传说，有位饮酪仙人，他死后骨头变成了金刚骨，帝释天用来制成了金刚杵作为兵器。

佛教密宗用来代表坚固、锋利之智，可断烦恼、除恶魔，因此它是代表佛智的，有不性、空性、真如、智慧等含义。

金刚杵有独股的、三股的、五股的、九股的等多种，一般以五股的为多见。

《大藏密要》说，金刚杵菩提心义，能"断坏二边契于中道，中有十六大菩萨位，亦表十六空为中道，两边各有五股，五佛五智义，亦表十波罗蜜能摧十种烦恼"。所以金刚杵图案在藏传佛教寺庙里触目皆是。

十字交杵

在图案和曼荼罗上还常可以看到两个金刚杵垂直交叉，呈十字形，称为金刚交杵，据《陀罗尼集经》卷四"十一面观音神咒经"说，如果要使修法有成就，修法时的坛场外院四角要各安二金刚杵，交叉如十字形。

金刚交杵在北京居庸关石券门图案上和一些立体曼荼罗上都可看到。

2. 金刚铃

金刚铃也是修法时所用的法器，它的柄端为五股金刚杵形，这五股杵形的称为五钴铃。它的意思也是惊觉诸尊、警悟有情的意思。金刚铃和金刚杵一起使用时，以金刚杵表阳性，以金刚铃表阴性。有阴阳和合的意思在内。

为什么有的铃柄端头铸有凶恶的像魔王一样的头呢？据说释迦佛说法时，魔王波旬（意为杀者）前来搅乱，释迦佛将他降伏，并将他的头铸在了铃柄上。

使用铃杵做咒仪（顾绶康摄影）

金刚铃、杵

3. 金刚橛

它原来也是兵器，后被密宗吸收为法器。由铜、银、木、象牙等各种材料制成。外形上大同小异，都是有一尖状刃头，但手柄因用途不同而装饰不一样。

金刚橛

有的手柄端是佛头，也有的是观音菩萨像，观音头上又戴五骷髅冠。最上端又有一马头。都有忿怒、降伏等意思。

金刚橛又叫四方橛或四橛，修法时在坛的四角竖立，意思是使道场范围内坚固如金刚，各种魔障不能前来为害。

金刚橛（手柄）

4. 钺刀

钺刀也是修法用的法器。柄端是金刚杵形，下有斧状的刀身和刃口。

这个法器多为佛母用，修法时佛母左手持嘎巴拉碗，右手即持钺刀。按密宗的说法，这也是断贪、嗔、痴、慢、疑、恶见六种根本烦恼的标志和象征。

5. 钩刀

钩刀也是密宗法器，外形和金刚杵类似，只不过另一端呈尖钩状，中部安有一长柄，在唐卡壁画上可以看到，但实物制作较少。

钩刀的意义是表如来的吸引力或说是召摄，将修习者或魔障勾召到佛智上来。

密宗中还有钩召坛法，是召集诸尊护持修法。千手观音四十手中左边一手也持有钩，在时轮金刚的众多法器里也可看到。

6. 斧钺

斧钺是把钺刀和金刚橛交叉组合而成的法器，端部为佛头或金刚杵形，构思很巧妙，制作的工艺很复杂烦琐。

它的意义也是守护佛法，脱离轮回，割断烦恼等魔障。

7. 骷髅碗

藏传佛教里的密宗部盛行用人的各部分骨骼制成各种法器，藏语称骷髅为嘎巴拉，是梵文的译音。

骷髅碗也称人头器，它是密宗修法者举行灌顶仪式时，在灌顶壶内盛圣水，在头器内盛酒，师父将圣水洒在修行者头上，并让其喝酒，然后授予密法。灌顶的意义是使修行者聪明和冲却一切污秽。

这种骨器有说是前一代活佛的头盖骨，也有说是信徒生前发愿，死后将头骨献给寺庙作法器，来源不可详考。

骨器制作也很讲究，口沿和内部包镶银皮，下有金属托座，上面还有金属碗盖，盖钮为金刚杵。

骷髅碗

明朝皇室对藏传佛教也采取扶持政策，一些西藏、青海活佛来京朝贡封赏频繁，这些活佛来时带来哈达、马匹、藏佛、法器等贡献给明廷，明朝皇帝也回赠适合藏传佛教用的藏文经典、佛像、绸缎、茶叶等。

明余继登著《典故纪闻》记载：京城外有叶玘、靳鸾等人盗掘坟墓，把骷髅和人骨制成嘎巴拉碗和念珠，伪称是西藏等地所产，拿到市场上获利，老百姓纷纷购买，致使盗墓成风。后被官府侦知上奏朝廷，下令追查。没想到在京的青藏僧人也曾经买了这些假货，进贡朝廷，并伪称是从西藏带来的，事情败露后纷纷逃跑了，叶玘、靳鸾及其团伙被斩首。

8. 骷髅鼓

俗称嘎巴拉鼓，藏语也称"札玛茹"，是用两块人顶骨弧面粘接而成，然后两面蒙上猴皮，左右有骨坠，下有一小柄及丝绦带子。按密宗经典规定：修双身法用的手鼓要用童男女的头骨制成，童男要用十六岁的，童女要十二岁的，然后蒙以猴皮，左右绘上八莲瓣，并在上面画雅布·尤姆佛（藏语"雅布"为"父"，"尤姆"是"母"，即父母佛，一般称双身佛）。

手鼓在法会演奏时和金刚铃并用，主要是伴奏用乐器，平时和铃、铙等一起并放在法师前面的小案上。

骷髅手鼓

9. 黄铜号角

作法用的乐器，大法号，藏语称为"然洞"，分成三四节，可延长到三米以上，平时供置在平顶的大殿顶上，吹奏起来可声传数里。

在一些特殊法会上，一般是作为伴奏用的，声音低沉而有力。

10. 人骨笛

藏语称为"罡洞"，长三十厘米左右，是用人的小腿骨制成的，局部包银或铜，吹起来声音尖利刺耳，给人以恐怖之感。

11. 鼓

藏传佛教寺庙里鼓的种类也有好几种，内中曲柄鼓较有特点，它的鼓槌曲如弓形，鼓的直径约一米，下有木柄。诵经时，僧人自己左手持鼓柄，右手用曲柄的鼓槌伴奏，这种鼓在汉传佛教寺庙是见不到的。

12. 五佛冠

这是高僧作法时所戴的象征着五智如来的宝冠。它是用皮、木、纸或镂空铜皮或银皮制成的，分为五叶，连缀在一起，每叶上有一个代表五佛之一的梵文。

五佛冠

噶乌

13. 噶乌

意思即护身符，一般是用银或铜制成的小盒，很是小巧，外表雕饰非常精美，还有镶嵌宝石、松石、珍珠的，里面有泥或金属制的小佛，这是信徒们随身携于怀中用以祈佛法佑护的。蒙藏的贵族们也把它戴在发髻中，是官位的标志。

14. 曼达

在寺庙的供桌上还能看到曼达这种供器，这是在一个铜盆里边布满了五谷杂粮、各色石子、贝壳、碎玛瑙、松石、珍珠等，中部竖立着一座五层的螺塔。这种供器是作法会时用的，它象征着须弥山，因须弥山按佛经所说是由金、银、铜、铁四宝所成，所以它也是用各种金属珠宝装饰而成的。

这四层都是中空的环状，以银、铜等薄皮镂刻而成，非常精细，上面镶嵌珠宝，也有用金属丝串珍珠连缀而成，并编织成各色图案，每层依次往上收敛，形成塔形，最上层有象征财宝的尖顶。

曼达

第五章 寺庙的供物、法器、吉祥图案等

供养曼达（顾绶康摄影）

法会时，法师一面念经一面往上面撒上述杂碎珍宝，撒满底层后再放一层，依次将最后一层放上，象征着祈愿吉祥幸福，赞叹须弥山的功德。

三、吉祥图案

1. 须弥山

在大殿左右墙壁上还常能看到须弥山图，上面画着一座座小宫殿在层层云水之中像棋盘一样布置着，左右上角还有日月星辰等。

须弥是梵文，汉语是"妙高"，也有称金刚山，我国有的山峰称为妙高峰，实际也是须弥山的意思。它原来是印度神话里的山名，后来被佛经采用。佛经上说它高八万四千由旬（古代印度帝王一天行军的里程为一由旬，也有说三四十里）。帝释天也即天帝，居住在山顶的善见城，帝释天的身边又有三十二个辅佑他的助手，所以又称三十三天，帝释是三十三天（又叫忉利天）之首。

在这四面的山腰中住着四大天王，他们分别使用金、银、铜、铁的兵器巡游，护持着四天下。

在它外围又有七香山、七金山，第七金山外又有咸海，咸海外围又有铁围山环绕，所以又称九山八海。在铁围山的外层又有四大部洲，八小部洲。

玄奘的《大唐西域记》里说："须弥山在大海中，四宝合成。"《俱舍论》也说，须弥山东面是白银，北面是黄金，西面是颇梨（玻璃），南面是青琉璃。所以四宝所成曰"妙"，高过众山为"高"。

不过须弥山还不算大，整个须弥山加上九山八海等不过才是一个小世界，一千个小世界加在一起才是小千世界，一千个小千世界加在一起才不过是中千世界，一千个中千世界再加起来才是大千世界，大千世界包括一亿个小世界。可见佛教的宇宙观中，整个宇宙有多么宏伟。

须弥山也有立体的，像雍和宫院内即矗立着一座青铜铸的须弥山，高约三米，它底部是一个汉白玉凿成的石槽，内有蓄水象征咸海，上面山峦叠嶂，最顶端是一座汉式歇山顶的宫殿，四周有城墙和城门，象征着帝释所居住的善见城。至于四大部洲等，限于材料和场地就省略不铸了。

第五章 寺庙的供物、法器、吉祥图案等

须弥山图

2. 六道轮回图

在与须弥山图相对称的大殿墙上画着的是六道轮回图，画面上一个棕色的凶恶明王抱着一个巨大的轮，锯齿獠牙衔着轮的上部。大轮分成三或四层，圆心画蛇、鸠、猪等，内轮分为六格，即六道，最外层又有十二个画面，称为十二缘起支。

佛教宿命论的核心就是生死轮回，只要成不了佛，就永远在地狱、饿鬼、畜生、阿修罗（恶鬼）、人、天这六个界轮回往复，永受轮回之苦。六道也叫六趣，即是众生各因自己的业（宿命）而归的地方。

（1）地狱道，也就是佛经所谓的八寒地狱，有八寒八热之苦，在圆盘上5—7点钟的位置。阎罗王高踞宝座，下有罗刹小鬼正忙着将一个个裸体小人剥皮抽筋、斧剁刀锯，用石磨将人轧碎，以及上刀山、下油锅、抛入深水中的，小人一个个连枷戴铐，正痛苦哀号。

（2）恶鬼道在圆盘上3—5点钟的位置。一群东倒西歪的恶鬼正哭跪乞食，他们一个个都是大头，咽喉却细若针管，嘴中还冒着火。这是依据《佛说盂兰盆经》和《焰口饿鬼经》而来的，因为他们生前为人时不肯施舍食物给僧人，所以死后就受到这种倒悬之苦，想吃东西但咽喉细如针管，咽不下去，还要冒火。据说有个名叫目犍连的年轻人的母亲就犯了这个错误，死后痛苦万状，如处倒悬，目犍连只好求释迦佛开恩，于是每年的七月十五日举行盂兰盆法会对恶鬼施食（盂兰盆意思即救倒悬），并为僧人供精细斋饭、百味饮食（又叫僧自恣日），京剧《目连救母》说的就是这件事。

但《焰口饿鬼经》说的是阿难夜见饿鬼，名焰口，向阿难求情，请阿难为饿鬼们施食一斛，于是阿难请示释迦，释迦为其诵经咒，所以密宗中举行这个仪式和诵经咒并不是专门在七月十五日，中国汉地佛教习惯是在盂兰盆法会时还要举行放焰口活动。

（3）畜生道在圆盘上7—9点钟的位置上。画面上海陆空的各种飞禽走兽、鱼鳖水族应有尽有，一派自然界动物和谐共生的景象。

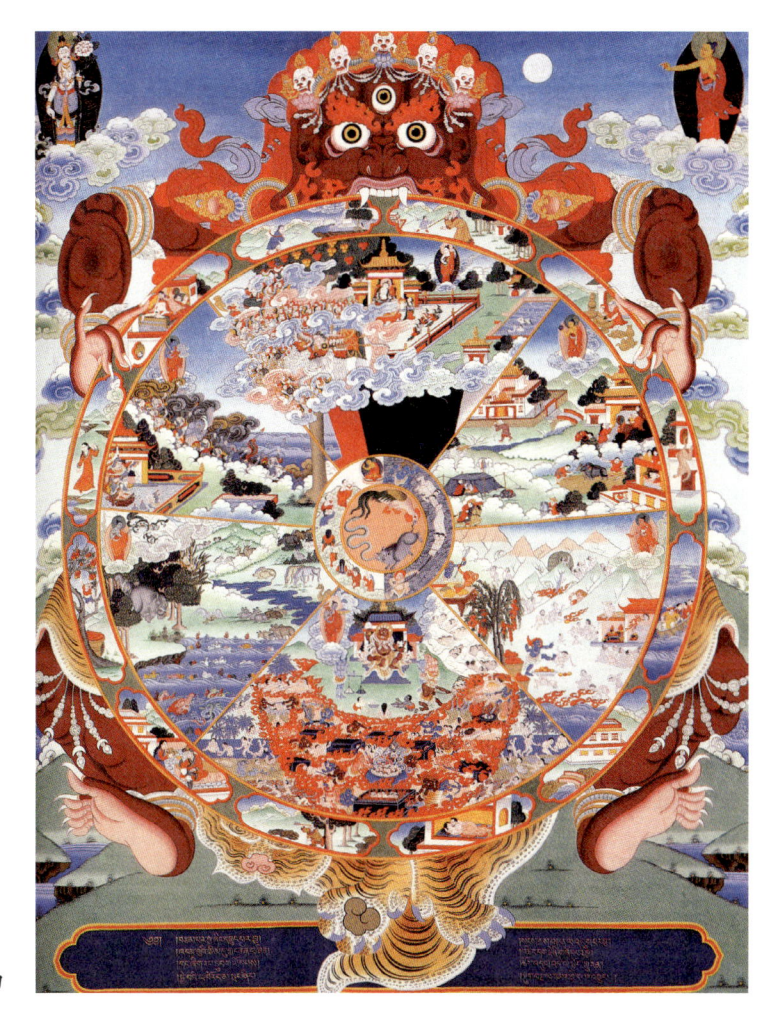

六道轮回

（4）阿修罗道在圆盘上2—3点钟的位置。画面上两方武装的人马在剑拔弩张地厮杀，按佛经说他们都是大力神王所生，个个都怀嗔心而好战斗，因此，古人也把战场叫作修罗场。他们都住在深山幽谷里，远离人世，免得打仗误伤人类。

（5）人道在圆盘上9—11点钟的位置。这格画的是人类世界，楼阁亭台确实很美，对一般老百姓来说也是可望而不可即的地方。佛经说人界分成阎浮提等四大洲，各洲人民不能相互往来。

（6）圆盘上11—2点钟的位置是天道，这里的情景就不用说了，自然是日月星辰拱卫，祥云环绕于琼楼玉宇，仙人天众身有光明，舒适快乐，有六种欲所，所以又叫六欲天。

那圆心部分画着鸠（或鸡）、蛇、猪，分别象征着贪、嗔、痴，这三种人类的坏毛病，统称为三毒，这些无知和愚昧，就是众生永远摆脱不了轮回之苦的根源。

比圆心略大的一圈画着直立的人和带索倒悬的人，分别象征着善趣和恶趣。最外围的一圈分为十二个画面，象征着十二缘起，也叫十二因缘、十二支。这十二种因缘图画是这样的：

（1）无明，盲目的女人；

（2）行，一个人正在制作陶器；

（3）识，摘取果实的猿猴；

（4）名色，船中有两个人乘坐；

（5）六处，一个小房子有六扇窗户；

（6）触，男女拥抱接吻；

（7）受，一男子眼睛被箭射中；

（8）爱，一女子陪伴着醉汉；

（9）取，摘果的人；

（10）有，男女同床；

（11）生，妇女生产；

（12）老死，一人背负死人。

这里实际将很深奥的佛学理论都用图画形式表达出来了，这些教理颇为艰深玄奥，不过参观游览倒也不必太费精力钻研。

六道轮回图各地大同小异，个别画面也有不同之处，但实际意义没太大出入。

3. 轮回图（斯巴霍）

在西藏唐卡图案上还能看到另一种轮回图，藏语读为"斯巴霍"，"斯巴"即含有生死轮回的意思，"霍"是汉语"画"的不准确发音。

画面最上方有文殊、四臂观音、金刚手三尊，藏语统称"日松贡布"，以这三尊为一组代表智慧、救度苦难和护持平安吉祥的意思，也即前面说过的所谓仁智勇三尊像。

中央也画有一个大轮，外围是十二生肖，中央是九宫和八卦，都有点阴阳五行的味道。西藏历和夏历的干支纪年一样，用十二地支属相来纪年，又以十天干和五行相配。这些都可证明在历史上藏族和汉族很早就有了民族间的文化交流。

斯巴霍

在西藏各寺院重大宗教仪式上和原来噶厦政府官员的升迁以及藏族人民的婚丧嫁娶等喜庆之时，都要悬挂和用它举扬开道，被视为吉祥伏妖、避除不洁的厌胜之物。

4. 六长寿图

在有些小巧的殿宇或活佛、僧人居住的小楼门口墙上还能看到六长寿图，画面上有老人、鸟、鹿、树木、山水、岩石等，这些动物、人物和景物都被认为是吉祥长寿之物。

画面上方是长寿佛，周围还穿插着轮、伞盖、海螺等八吉祥标识，麋鹿和长尾雀嬉戏出没于林木之间，山峦中有曲折隐现的溪水，加以缭绕的祥云和日月，确有一种和平宁静的感觉。

六长寿图

5. 长寿老人图

这类壁画也可在上述殿宇和一些藏族人民家中张贴的木刻和唐卡中看到。

这是一个皓发银须、面目慈祥的老寿星骑在一头叉角梅花鹿身上，双手正展示一幅唐卡，那形象令人想起骑青牛的老子，高隆的前额和汉文化的老寿星像也相差无几。

正上方是长寿佛趺坐于云端，背景仍然是象征长寿的古木山岩和溪畔饮水的仙鹤，下方供桌上也摆满了象征八吉祥的种种供物，以及团坐的老人和献食者，整个画面烘托出一种静谧和平、融洽无间、其乐融融的气氛。和那凶恶的明王相比截然不同。

长寿老人图

6. 吉祥尊胜图

这是另一种长寿图，画面上充满了八吉祥图案和金翅鸟、龙、梅花鹿、狮、虎、山羊、猫等各种动物，形象写实而夸张。这样多的动物济济一堂而和平共处，确也呈现一片吉祥、和平、长寿的景象。

比较稀罕的动物是画面下部那三种：一是左边那个海螺中钻出的像龙头的动物，据说是海螺和摩羯鱼相配而生的。右边那个叫不上名的动物据说是海獭和鱼相配而生的。最下方那个带翅膀尖嘴的狮子据说是金翅鸟和狮子相配而生的。藏族人民称这三种珍奇的杂交动物为三种尊胜。

7. 敬长图

在活佛寝室或一些不太隆重的小殿堂里还能看到敬长图，那场面也很有意思，大白象身上骑着猴子，猴子身上蹲着兔子，兔子上方飞着鸟。这是表现这些动物都去问桃树，看谁的年龄最大，结果是鸟最老，兔子第二，猴子居三，大象却居第四名。于是人们都去恭敬鸟。

这个画面早在三四世纪的新疆克孜尔石窟和库木吐拉石窟即已出现了，称为《象猴本生》，可见其来源甚古，但内地寺庙却少见到（见《十诵律》卷五十）。

吉祥尊胜图

第五章　寺庙的供物、法器、吉祥图案等

敬长图

8. 佛足图

在一些石雕上或唐卡上有时还可以看到一双大脚印，它是依据释迦佛的佛足灵迹而来的。

据说释迦佛临入灭时在摩揭陀国的石头上留下了脚印。《大唐西域记》里记其处的佛塔旁石上有如来的双脚印，长一尺八寸，宽六寸，脚印上还带有法轮图案，十指上有花纹，像鱼身一样凸起，光明映现。

经典中也记载着佛足的指头上有字纹、宝剑、宝瓶、海螺、法轮、象牙等纹饰。

北京真觉寺五塔的塔座石雕和内蒙古呼和浩特五塔寺的浮雕上都能看到这种佛足图。

佛足石

9. 十象图

藏传佛教寺庙的壁画上还能看到这样有趣的画面，一条曲回蜿蜒的山路上有一群象在向山顶行进，那些象的颜色，则随着登顶的不同高度变化着。起初山脚下象是黑色的，前面有一只小黑猴引路，身后有一个小僧人正在追赶，十头象顺着曲似回肠的小路往山上爬，那身色也逐渐由黑变白，先是白头，以后是白身黑屁股，爬到山顶已经是一头纯白的象了，那只小猴的颜色也同样由黑变白，象屁股后还有一团火焰，也是由大到小，最后熄灭了。

再看那牧童，刚开始因象不驯服，他又是鞭打又是追赶，到山腰时给那象拴上了缰绳，最后到达山顶时他已经可以骑在象背上了，象也服服帖帖地俯首听命。

十象图

这是用象来比喻学习佛法的几个领悟阶段，意思是说人刚学佛时就像那不羁不驯的象一样，到处乱闯，思想不开悟，障碍重重，必须加以强制。那猴子和火焰大概是象征着佛教所说的"心"或者是"欲火"吧！最后那些魔障和心灵都得到了净化，由强制达到了自觉，就像那象的颜色由黑逐渐变白，脾气由暴躁变驯服一样，彻底开悟了。按哲学上的话叫作从"必然王国"达到"自由王国"的境界了。

再看看那背景，山脚下有翻滚的水浪，沿途的风光也很枯燥，可到了山顶，却是花红柳绿、白云缭绕，星辰日月争辉，真有点"山重水复疑无路，柳暗花明又一村"的意境，或可说是"无限风光在险峰"吧！

有趣的是在汉族的禅宗里也流行着类似的牧牛图。例如宋代的《普明禅师牧牛图颂》，用十幅连环画的形式，画着一头不服管教的大黑牛，开始又顶又撞，狂骜不驯，在牧童的绳缰鞭打之下，最后也逐渐由头至尾地蜕变成一头大白牛。在第八、九幅画面时，牧童仰卧草地悠闲地吹笛，那白牛独自安卧，看来是达到驯化的程度了。最后牛和牧童驾云而去，象征着彻底解脱，每幅画下面还附有一首诗，很有哲理性。

四、舍利

1. 舍利

不论汉传佛教还是藏传佛教，对舍利都是相当敬重的。

舍利或作"室利罗"或"设利罗"，都是梵语的音译，意译为灵骨或遗骨。这种灵骨是当年释迦牟尼在拘尸那罗城双树上结绳床涅槃后，弟子从他火化后的骨灰中拣出的结晶体。

这种结晶体据说光明五色，有大神力。闹得当时八个国王都来争舍利，差点动了武力，幸亏一位名叫香姓的婆罗门，从中调解，劝各位国王按释迦教导求得和平，别为舍利伤了各国的友谊，并在他的建议下将舍利均分八份，每个国王分得一部分，各国王这才收兵回国（见《长阿含经》卷四《游行经》）。

据《阿育王传》卷一说，佛灭度后百年，阿育王出世，他搜集各地如来遗存的舍利，建造了八万四千座舍利塔。

寺庙中的灵堂

为什么如来火葬后会有这些晶莹光泽、坚固不坏的舍利呢？

按照《金光明经·舍身品》说，这是"无量六波罗蜜功德所熏"，是戒定慧修持的结果。

如来的舍利称为佛舍利，弟子的舍利称为僧舍利。只要坚持修定，不光是如来佛，佛弟子也有舍利，所以各种佛书上、祖师传上都记载了许多高僧火化后获"舍利盈斗"或获"舍利无算"的灵异现象。

也可以把佛舍利称为"生身舍利"。佛所说的经典称为"法身舍利"。

据《帝京景物略》记载，元世祖忽必烈曾发现北京的白塔寺内有舍利二十粒。1976年唐山地震时，白塔寺的塔刹部分也略有损坏，维修中发现许多经书佛像，其中有一尊纯金铸无量寿佛双手捧一宝瓶，瓶上镶一颗黄豆大小的米黄色的舍利，仔细看类似一颗小圆骨珠，这是乾隆时又重新装藏的。

舍利的颜色也不相同，按《造像量度经》说，其色有三：骨舍利色白，发舍利色黑，肉舍利色赤。获圣果者都有舍利，但只有佛舍利锤击不碎，有大神异。

藏传佛教中也非常重视建塔以供奉舍利，当然，如来的生身舍利是不能轻易得到的，但高僧、祖师的舍利是必须供奉的。在西藏，历代达赖、班禅和其他大喇嘛的舍利都用金、铜塔隆重供养。甘肃、青海、内蒙古等大喇嘛庙中也都有灵堂供奉本寺历代活佛的舍利塔。

不过，舍利也有骗人的僧人伪造的。例如《北梦琐言》中就记载了这样一个故事，泽州（山西晋城）有个僧人叫洪密，宣称自己身上能出舍利，他到太原时，招引来一群善男信女的崇拜，待他离开后，信徒们到他的居处，捡到了百余粒舍利，拿给大家一验视，原来竟是干鱼眼睛，真可谓名副其实的"鱼目混珠"了。

2．装藏

佛像和佛塔、经桶等内部都要装藏，才算具有了灵异，否则是仅有躯壳，没有佛的加持，是不能产生法力的。

据《造像量度经》八"装藏略"讲，装藏要有梵文或藏文的经咒，这些经咒印在长条纸带上，然后卷紧，用糨糊封口，不能用骨胶，形如爆竹，上下不能颠倒，否则将犯火灾，然后用黄绢包裹。

此外还需有五宝，即金、银、珍珠、珊瑚、青金石；五甘露，即蜂蜜、石蜜、乳、酪、酥油；五药，即菖蒲、仙人掌、苦参、乌贼、藤梨干；五谷，即稻、大麦、小麦、绿豆、白芝麻；五香，即白檀、沉香、肉蔻、龙脑香、郁金香，将这些五谷杂粮、药材土产和金银珠宝都碾成颗粒混合，包以黄绢装入佛藏，从而使佛像不散不朽，不生虫蛀。

塔幢中还需要装旃檀、桧、柏等木条，这些木条必须是善价收买而来的，不能强索盗取。

不过这些装藏之物并不是绝对一样不能差，有时也可用其他代用品，尤

藏式舍利塔

其是大量制作的小型佛像，这些东西是不太可能配齐的。

特别是塔藏中的佛舍利，释迦火化后两千多年，佛的真身舍利已极稀见，所以那些装藏物等都属于法舍利。据《如意宝珠金轮咒王经》说，如果没有舍利，以金、银、琉璃、水晶、玛瑙、玻璃等都可代表舍利，如修行者无力备办这些昂贵之物，那么到大海边拾捡清净沙石，或者药草、竹木根节这些代用品也都可算是法身舍利。

第六章 服饰礼仪类

一、僧人的服饰饮食

僧人们一般穿三件衣服，称为三衣，上身里面穿一件红色无袖的坎肩，也可以叫衷衣，北方汉族人称为腰子。下身围一紫红色的围裙，外面披一件紫红色的粗布袈裟，内蒙古、西藏、甘肃、青海地区的僧人习惯按释迦佛的装束，左露着胳膊。

活佛可以穿明黄色的袈裟。在学术上获得格西学位的僧人的坎肩也可以是黄色的，在肩口的部位镶有红边。

平时僧人们一般不戴帽，只有到法会时，才戴起那种像公鸡冠一样的黄帽子。

当然，我们说的都是现在所见到的服饰，历史上有不同的演变过程，此外还有地区的差异，但是这种紫红色的袈裟，在历史上却是有依据的，汉晋

西藏的僧人（金兴摄影）

西藏的僧人（金兴摄影）　　　　　嘛呢法会的僧人

时候，佛教刚传来不久，汉传佛教僧人也曾一度穿过红色的袈裟。

例如《魏书·释老志》即有汉代僧人都是赤色袈裟，以后才换成杂色的记载。古人甚至用袈裟色来代表红色，如晋代葛洪作《字苑》就说："袈裟此云赤血色衣。"可见藏传佛教僧人的紫红色袈裟渊源很古老。

还有一点和汉传佛教僧人不同的是，藏传佛教僧人头上不爇顶，也就是受戒时不用香在头顶上烧疤。爇顶这个仪式实际上并不是佛教固有的制度，而大约是元朝汉族地区寺庙创立的规矩，信徒受菩萨戒时要烧疤，疤点一般是九个或十二个。古时候僧人苦行甚至有燃指代香或烧顶供灯的，以示诚心皈佛，烧疤大概是从这儿演化而来的。也可能是政府为了严格控制僧人，不许私自出家，以防假冒，才烧疤以示区别吧。

可是有些电影、电视剧在描绘唐朝时的僧人受戒时也烧疤，这就违背了历史的真实性，例如电影《少林寺》就是这样处理的。

由于蓺顶制度于佛典无证，有碍僧人的身心健康，中国佛教协会已明确规定，今后凡新出家的僧人一律废止蓺顶。

藏传佛教僧人的生活习惯和当地居民的生活基本上没什么太大区别，西北地区的僧人以奶食、炒米、奶茶为主要食品。

和汉传佛教僧人最大的不同是藏传佛教僧人可以吃肉，这也属于教义的变通之处。作为牧区来说，肉类是当地人民的主食，不吃肉几乎是无法生存的，也可以理解为这些畜生前生犯了恶业，所以此世才转生为供人果腹的佳肴了。

东南亚地区流行的南传佛教例如柬埔寨等国的僧人是可以吃鱼的。

但酒还是被禁止的，只有灌顶仪式时才必须用骷髅碗饮少许酒，以冲却邪魔和不祥。

二、信徒的礼佛仪式

1. 磕长头

也叫等身头，这是藏传佛教信徒礼佛和汉传佛教不同的地方。磕头时要双手合掌高举过头顶，从顶到额再至胸拱揖三次，然后双手双脚平伸，全身俯卧地面，用手画记号，起立后往前行至记号处再重复刚才动作。大概有点类似我们平时说的五体投地吧。

有不少信徒是远从青海、四川这样一步一磕来到拉萨礼佛的，往往要历时数年才能到达目的地，甚至有的信徒就病累而死在礼佛途中，尽管他们满身尘土、蓬头垢面，但毫无怨言，大昭寺前的石台阶就被这样磨光了。

2. 右绕

在寺庙佛塔旁还常能看到老年信徒手持念珠，转动着小嘛呢桶，口中喃喃地从左往右绕塔来回走，他们认为右绕是可以积功德、消灾病的。

右绕在佛典中是有依据的，在北朝和隋唐石窟里的一些中心塔柱，当年也是供信徒右绕而礼拜的，但这种礼仪在汉地佛教中目前已不太显著了。

《无量寿经》上就有"稽首佛足，右绕三匝"的话，因为右绕是依顺佛法的意思。佛经中还专门有一部《右绕佛塔功德经》，说的就是右绕佛塔的功德。

藏传佛教中对右绕极为重视，如嘛呢桶、嘛呢轮要向右转动，海螺的旋纹也要选用右旋的才能做法器。

右绕转经桶（金兴摄影）

3. 跳恰穆

在各地的大寺庙里每年都要跳恰穆，也就是人们俗说的跳神。

"恰穆"是藏语，蒙古语称为"布札"，跳恰穆的活动一般都在年终举行。例如西藏拉萨布达拉宫和木鹿寺每年藏历十二月二十九日都举行跳神活动，称为跳神节。僧人们戴上各种假面具，扮装成牛神、羊神、鹿神和各种金刚、

雍和宫跳恰穆（李立祥摄影）

护法神以及阎罗王等，绕大昭寺游行，表示除去旧岁的鬼祟和不祥，迎接新年，平安如意。

　　北京雍和宫每年正月的跳神活动非常有名，每次要连续举行三天，场面非常热闹隆重。整个过程分为十三幕，有跳黑鬼、跳白鬼、跳螺神、跳蝶神、跳金刚、跳星神、跳天王、跳护法神、跳白救度（白度母）、跳绿救度、跳弥勒、斩鬼和最后一幕送祟。

　　跳神活动的最后一幕是以烧巴林结束的，巴林是用秸秆搭成的一个高大的三角架，上面有各色纸带，架顶上有个纸骷髅头像，由僧人们和观众拥簇着绕庙一周，然后抬到空旷处在鼓乐声中烧掉，每个人都尽量往巴林底下钻，让巴林从头顶上通过，意思是让邪祟晦气等都随巴林一起带走烧掉。有些大藏传佛教寺庙并不举行跳神活动，但在大的法令结束时也有烧巴林活动。

明清时皇宫里和番经厂也举行跳恰穆，据清人福格所著《听雨丛谈》载，年终集喇嘛于中正殿，建诵经道场，祈福送祟，羽葆幢幡，鼓乐跳舞，大概也是古人乡傩（音 nuó，古人腊月前一天击鼓驱疫）的意义。又据明代刘若愚《酌中志》记载，万历时宫内也曾训练宫女们跳步叱（布札），但要经过挑选，缠足者不能用。

跳恰穆（金兴摄影）

烧巴林（李立祥摄影）

4. 展示大佛

藏传佛教寺庙中都有展示大佛的活动，即将大幅的唐卡佛像在每年的一定时间内由殿堂抬出来展示供人瞻拜，意思是佛来到人间，普度众生。

展示大佛的时间各寺庙不尽相同，一般多在春夏季举行，届时由许多僧人将那巨幅的唐卡由殿堂里扛出，好像扛一大卷地毯一样。大佛像长宽可达数十米，从寺院的殿顶可一直悬挂到地面，也有的是将唐卡铺敷在平缓的山坡上，面积可达数千平方米；前来瞻拜的信徒和观众人山人海，人们祈祷膜拜，那场面的热烈确实令人赞叹不已。

晒大佛

西藏的寺庙和佛像

晒大佛

法会上的僧人（陈谷文摄影）

　　例如布达拉宫有两幅大唐卡长达五十余米（约合十几层楼房高），真难以想象当初绘制时工匠们是如何把握大佛的比例的。为了存放这两幅大唐卡，布达拉宫展佛台脚下专门建造了一幢三百四十平方米的二层楼房做佛堂。每年藏历二月三十日拉萨要举行赛宝法会，各大寺庙的数千名喇嘛要持各种珍贵乐器、祭器、幡幢等游行至布达拉宫前举行宗教仪式和各种表演。这时展佛台上就挂出这两幅巨大的唐卡佛像，在万人瞩目之下，将唐卡处遮护的黄色罩绸徐徐揭起，露出金色身相、蓝色发髻的释迦像，僧众诵经瞻拜，那巨幅唐卡的宏伟气势和精致的做工确有一种强烈的慑服人心的力量。

　　这种巨幅唐卡为了达到饱满的立体效果以适应远观，一般都是用堆绣制成的。这需要大量丝绸、布帛和各色丝线，制作一幅大唐卡不知要耗去多少僧匠的岁月。

附录

全国主要藏传佛教寺庙一览

寺名	所在地	建筑年代
1. 雍和宫	北京	清乾隆九年（1744）改建
2. 妙应寺（白塔寺）	北京	元至元八年（1271）
3. 真觉寺（五塔寺）	北京	明永乐间，15世纪初
4. 西黄寺	北京	清顺治九年（1652）
5. 安远庙	河北承德	清乾隆二十九年（1764）
6. 须弥福寿庙	河北承德	清乾隆四十五年（1780）
7. 殊像寺	河北承德	清乾隆三十九年（1774）
8. 普宁寺	河北承德	清乾隆二十年（1755）
9. 普乐寺	河北承德	清乾隆三十一年（1766）
10. 普陀宗乘庙	河北承德	清乾隆三十二年（1767）
11. 溥仁寺	河北承德	清乾隆五十二年（1787）
12. 罗睺寺	山西五台山	明弘治五年（1492）重建
13. 广仁寺	山西五台山	清初，18世纪
14. 大召寺	内蒙古呼和浩特	明万历八年（1580）
15. 五塔寺（慈灯寺）	内蒙古呼和浩特	清雍正年间，18世纪
16. 乌素图召（庆缘寺）	内蒙古呼和浩特	明万历十一年（1583）
17. 席力图召（延寿寺）	内蒙古呼和浩特	明万历初，16世纪初
18. 喇嘛洞召（广化寺）	内蒙古土默特左旗	清康熙，17世纪
19. 王爱召（广慧寺）	内蒙古伊克昭盟	明万历十三年（1585）

20. 宝堂寺（准格尔召）	内蒙古伊克昭盟	清，18世纪
21. 五当召（广觉寺）	内蒙古包头	清初，17世纪
22. 美岱召（寿灵寺）	内蒙古土默特右旗	明万历，16世纪
23. 普会寺（召河庙）	内蒙古达茂旗	清康熙四十二年（1703）
24. 百灵庙（广福寺）	内蒙古达茂旗	清康熙四十二年（1703）
25. 贝子庙（崇善寺）	内蒙古阿巴哈纳尔旗	清乾隆八年（1743）
26. 荟福寺（东大庙）	内蒙古巴林右旗	清康熙四十五年（1706）
27. 延福寺	内蒙古阿拉善左旗	清乾隆二十五年（1760）
28. 实胜寺（黄寺）	辽宁沈阳	清崇德三年（1638）
29. 白利寺	四川甘孜县	清，17世纪
30. 德格印经院	四川德格县	清雍正十年（1732）
31. 拉卜楞寺	甘肃夏河县	清康熙四十八年（1709）
32. 塔尔寺	青海湟中县	明嘉靖三十九年（1560）
33. 瞿坛寺	青海乐都县	明洪武二十六年（1393）重修
34. 五屯寺	青海同仁县	清初，17世纪
35. 文成公主庙	青海玉树县	唐建，7—10世纪
36. 韦州喇嘛塔	宁夏同心县	元建，13—14世纪
37. 一百零八塔	宁夏青铜峡县	元建，13—14世纪
38. 大昭寺	西藏拉萨	唐建，世纪中
39. 小昭寺	西藏拉萨	唐建，7世纪中
40. 布达拉宫	西藏拉萨	唐建，7世纪中
41. 色拉寺	西藏拉萨	明永乐十六年（1418）
42. 哲蚌寺	西藏拉萨	明永乐十四年（1416）
43. 桑浦寺	西藏拉萨	北宋熙宁六年（1073）
44. 热振寺	西藏林周县	北宋嘉祐元年（1056）
45. 止贡帖寺	西藏墨竹工卡县	南宋淳熙六年（1179）

46.	甘丹寺	西藏达孜县	明永乐七年（1409）
47.	楚布寺	西藏堆龙德庆县	南宋淳熙十四年（1187）
48.	锋巴林	西藏昌都县	明正统二年（1437）
49.	昌珠寺	西藏乃东县	唐初
50.	泽当比乌哲古洞	西藏乃东县	待考
51.	多吉札寺	西藏贡嘎县	明，16世纪末
52.	敏珠林寺	西藏贡嘎县	明末，17世纪
53.	桑丁寺	西藏浪卡子县	牙木鲁克湖（待考）
54.	桑耶寺	西藏札囊县	唐大历十四年（779）
55.	扎什伦布寺	西藏日喀则	明正统十二年（1447）
56.	那当寺	西藏日喀则	南宋绍兴二十三年（1153）
57.	夏鲁寺	西藏日喀则	北宋元祐二年（1087）
58.	萨迦寺	西藏萨迦县	北宋熙宁六年（1073）
59.	白居寺	西藏江孜县	明，15世纪初
60.	托林寺	西藏札达县	北宋，11世纪初

后　记

这本小册子是26年前，我在内蒙古包头文物管理处从事文物工作时就酝酿写作的，因负责调查和维修包头一带的藏传佛教寺庙，自然必须要有兴趣和专业知识才能胜任工作。

藏传佛教从明末即传入蒙古地区，包头一带的美岱召、五当召、昆都仑召当年都规模宏伟，虽在"文革"中不同程度地被破坏，总体规模尚存，塑像、壁画等仍遗留不少。

20多年前在内蒙古搞这门学问，基本上可以说是问学无门，有些搞蒙古佛教史的学者虽也不时请教，但佛教美术这块不是这些先生们的专业研究范围。这本书的最初框架和零散知识主要是我亲自调查寺院和采访当年的老喇嘛得来的，我又喜杂览文史书，偶遇有关寺庙的段落就摘录下来，一鳞半爪，集腋成裘，可以说是无师半通。

对我影响最大是李安宅先生20世纪40年代调查甘肃、青海、西藏藏传佛教寺庙的多篇文章，当年发表于《边疆月刊》，内中有关佛寺和佛像的深入调查和研究的成果，使我第一次知道藏传佛教的佛像有如此深奥的学问。

日本学者桥本光宝著《蒙古的喇嘛教》、长尾雅人调查五当召的成果《蒙古学问寺》至今是无人企及的学术名著，逸见梅荣的《满蒙北支喇嘛教美术大观》（再版改名为《中国喇嘛教美术大观》）等这些20世纪三四十年代调查蒙古地区的佛教和美术的著作我也通过各种途径找到加以复印，每日翻阅，暂不离身。之后我又陆续在中国社科院宗教研究所找到当代日本学者赖富本宏、真锅俊照、北村太道、田中公明等人的著作。起初我是麻烦懂日文的老教师

后 记

来读的，后来学了一段日语，竟也敢靠字典将所需章节翻译出来。

1983年前后李冀诚先生著《西藏佛教密宗艺术》香港版发行，此书可说是新中国成立来第一本从佛教图像的角度介绍藏传佛教的书，图文并茂，帮我一下弄懂了许多问题。1985年我回到北京，在中国佛教图书文物馆工作，图书资料的便利又使我的初稿充实了许多。

我请当时健在的中国社科院世界宗教研究所的李冀诚先生审阅书稿，他看过后热情鼓励，欣然作序，对我说："你这本书写得不错，就这样深入搞下去，做学问就像滚雪球一样，越滚越大。"

此书先给了旅游出版社，几经反复，因涉及宗教、民族题材，竟犹豫不能拍板。四川民族出版社听说此稿，与我签约后，我即赴日本留学，却因印数问题迟迟不能开印。交稿5年后，我已从日本转了一圈回来，才见到我的第一本书，仅印了2000册，据说还是冒着风险，由出版社起了个不俗不雅的名字《喇嘛庙——佛的世界》。想不到，出版后大受欢迎，供不应求，马上又加印了10000册，至今承德外八庙还一直卖着这本书的盗版，我每次讲课当教材，就托人从承德往北京买自己的盗版书给学生。

今天回首看此书，尽管不尽人意之处尚多，印制粗糙，图版多是黑白的，但基本上没有学术上的硬伤。至今市场上这类雅俗共赏的论述藏传佛教美术的书仍不是很多，这本书无论是做讲课教材还是面向旅游，可说是兼具学术性和艺术性。

想到每次开课也不能总买自己的盗版书应付，于是索性将全书再修订一次，有改动有充实，再加以重新配图，重新付梓。

关于此书有两个小故事。2002年我到青海瞿坛寺，一位寺庙的老职工得知我是《喇嘛庙》一书的作者，兴冲冲跑回办公室拿出了这本书给我看，不夸张地说，书口已如墨漆过一样，被手翻得乌黑发亮，每页的字句下有铅笔和蓝、红各色笔画满了重点标志杠杠，红蓝黑满页纵横交错，眉批注脚密密麻麻。我第一次看到我的书竟被人如此精读、咀嚼成了这个模样，在偏远的大西北山坳古寺里能有如此忠实的读者，真令我感动。

2004年，我们开车到内蒙古赤峰市参加辽金史会议，归途拐进公路边新修复开放的喀喇沁旗王爷府看了看，清代的几进大院落的王府颇为宏敞，王府西侧建也有汉式的藏传佛教寺庙。主持修复王府、布置寺庙的吴汉勤先生，已年近六十，年轻人都尊敬地称他为吴老师，在酒席间他兴奋地说"我就是凭着你那本小册子才进的王爷府呀"。

他说自己原来是旗商业局的职工，几年前已经下岗了，平日喜欢杂览文史书。王府修复前，主管部门物色工程的主持人，他正好此前从外八庙买了这本书，那里面关于寺庙的布置特别是各类佛像的解释，真是及时雨。他把平日的文史杂学功底和从这本小册子现学现卖的知识在领导面前一唠叨，这下领导可真发现了人才，这个大工程的技术指导权就全交给了他。当然，这件事是多方面原因促成的，但起码他从这本小册子得来的知识让领导放心，起到了画龙点睛的作用。不仅如此，因修复工程各方满意，又给他转成了国家干部的编制。我没想到这本小册子的所谓精神力量真的能转换成这么活生生的现身说法的现实效应，可谓功德无量啊！

诸位看官真要好好看看这本书啊！说不定还有什么好机会呢。

承蒙顾绥康、王磊义、李立祥、金兴、陈谷文、邓军等诸位先生提供的宝贵图片为本书增色殊多，特致感谢。

金　申
2006 年 5 月 2 日

再版后记

  本书由文化艺术出版社于2007年出版后，至今不觉竟已10多年，恍如昨日，令人心惊。本书问世后承读者喜读，以致洛阳纸贵，旧书也高价难求。4年前特此决定重印，未想再版也须送上级有关部门审核，至今日才批准。多年前旧作，因学术研究范围已不囿于藏传佛教，无精力再做大规模充实和改动，今重新批校，好在没有学术硬伤，不至贻误读者，也只能稍改动几处错别字、调整几张图片。有关神像章节，每尊像虽然看似牛头马面，实际上出处皆可溯源印度密教图像，于是请学生张雅静加注了梵文拼音，她留日多年，精通梵藏语，如此更增加了学术性。

  有劳责编王红、王奕丹，以及美编马夕雯诸人一并感谢。

金申2020年春节再记